계속 이대로 살 수는 없다

우선순위를 바로 세우는 영적 중심 잡기

계속 이대로 살 수는 없다

홍민기

규장

다시 중심을 잡으며
작은 변화를 쌓아가자

아주 어렸을 때 자전거를 배웠다.
세발자전거에서 네발자전거로
네발자전거에서 두발자전거로
업그레이드하는 것은 매우 뿌듯한 일이었다.

하지만 두발자전거를 타는 것은 쉽지 않았다.
마음은 벌써 두발자전거를 타고
씽씽 달리고 있었지만
기우뚱하며 넘어지기 바빴다.

두발자전거를 처음 탈 때 중심을 못 잡으면 쓰러진다.
그때 인생의 첫 중심 잡기에 도전한 것 같다.

중심을 잡아가는 것이 인생이다.
영성도 중심을 잡아가야 한다.

함께함이 기쁨이고
헤어짐은 늘 익숙해지지 않는 슬픔이다.
공동체에서 사랑하고 섬기며 살아갈 수 있을 것 같았는데
서로를 사랑하고 삶의 중심을 잡기가 쉽지 않다.

세상이 강하게 유혹한다.
그리고 세상의 가치가 내 마음에 깊게 자리를 잡는다.
이웃을 내 몸같이 사랑하라 하셨는데
사랑하는 방법도 잘 모르겠다.

계속 이렇게 살 수는 없다.

다시 중심을 잡아가자.

영적 중심을 잡고 우선순위를 재정립하자.

정신을 바짝 차려야 한다.

최선을 다하지만

아쉬움밖에 남지 않는 상황을 역전시켜보자.

아주 작은 변화들이 중요하다.

나도 남도 느끼지 못하는 작은 변화들이 쌓이면

큰 변혁으로 세워질 수 있다.

우리의 일상을 고민하면서 다루었다.

여기 담긴 주제들은 우리가 항상 고민하는 내용이다.

우리 삶에 작은 변화들이 시작되길 간절히 기도한다.

새날의 새 변화가 함께하길 축복하며.

아주 작은 골목 어느 카페에서

홍민기

contents

바쁜 것이
아니라
혼란스러운
것이다

우리는 그가 만드신 바라 그리스도 예수 안에서
선한 일을 위하여 지으심을 받은 자니 이 일은 하나님이 전에 예비하사
우리로 그 가운데서 행하게 하려 하심이니라
엡 2:10

상황이 이끄는 삶

우리가 사는 세상은 바쁘지 않으면 실패한 사람같이 여긴다. 끊임없이 무언가를 계획하고 실행하지 않으면 뒤처지는 것 같다. 그러면서 우리가 저지르기 쉬운 실수가, 바로 상황 중심으로 산다는 것이다. 하나님 중심으로 살아야 하는데, 상황에 끌려다닌다.

어떤 일이 생기면 그 일을 해결해야 하고, 약속이 있으니 만나야 하고, 프로젝트가 있으니 어떻게든 그 프로젝트를 수행해야 한다. 직장은 정신 없이 바쁘게 돌아가고, 그 와중에 친구도 만나야 하고, 데이트도 해야 하고, 결혼도 해야 한다. 결혼을 하면 가정생활도 성실히 영위해야 한다. 벗어날 수 없는 상황들이 나를 지배한다. 심지어 기도도 상황에 따라, 상황 중심으로 한다.

하나님 중심으로, 하나님과의 관계 안에서 내가 맞닥뜨리는 모든 세상, 즉 교회와 세상과 직장과 가정이 하나님의 살아 계심이 등장하는 무대로 펼쳐져야 하는데, 거꾸로 시시각각 벌어지는 상황에 끌려다니고만 있는 것이다. 그런 우리에게 하나님은 내 옆에 가만히 계셔주시는 분으로 존재한다. 내가 바쁠 때는 가만히 계셔주기를 원하다가 힘들거나 필요하면 하나님을 붙잡는 악순환의 연속이다.

그러나 신앙은 하나님 중심으로 사는 것이다.
나 중심에서 하나님 중심으로 변화되는 것이다.

내가 처한 모든 상황 속에서 하나님의 영광이 나타나기를 원한다고 기도하고 있지만, 바쁘게 돌아가는 삶 속에서 영적 성숙과 성장을 향한 발걸음은 우선순위에서 밀려나기 일쑤다.
세상은 빠르게 변화하고 있고, 내가 준비되지 않으면 그 변화 속에서 자칫 도태될 수 있다는 불안감이 가득하다. 하지만 여기서 우리가 잠시 멈추고 나의 믿음은 어디에 있는지, 나의 삶의 주인은 과연 누구인지 살펴봐야 한다. 찬찬히 살펴보면 보이는 게 있다.

정신없는 세상에서 바쁜 것 같지만 사실은 바쁜 게 아니라 혼란스러운 것 아닌가? 세상에서 크리스천으로 살아가는 것에 혼란을 느끼고 있는 것은 아닌가?

나는 지금 하나님의 사람답게 이 세상을 살아가고 있는가? 나의 삶 속에 하나님이 주신 영적 우선순위가 존재하는가? 우리는 어떻게 해야 혼란스럽지 않고 하나님 앞에서 영적으로 중심을 잡을 수 있을까?

하나님 중심의 가치관 세우기

벌어지는 상황에서 어떻게 대처하느냐가 중요하다. 상황에 대처하는 가장 중요한 기준이 바로 '가치관'이기 때문이다. 인생은 그 사람이 가진 가치관을 통해 결정된다.

누구나 무언가를 선택하고 결정할 때 자신이 더 가치 있다고 믿는 것을 선택한다. 다른 사람을 위해 희생하고 자신보다 남을 위한 결정을 하는 사람은 그것이 가치 있다고 믿기 때문에 그렇게 선택하는 것이다. 잘못된 선택도 그 자신의 가치관에서 비롯된 것이다. 가치가 더 없다고 생각하는 것을 선택할 사람은 아무도 없다.

따라서 하나님이 삶의 최고의 가치가 아니라면 영적인 것을 선택할 가능성은 없다. 내가 하나님 중심으로 살아가고 있는지, 아니면 세상을 바라보며 세상 중심으로 살아가고 있는지는 나의 선택 속에 선명히 드러난다.

나에게 하나님 중심의 가치관이 있는가?
나는 어떤 눈으로 세상을 보고 있는가?
나는 어떤 생각으로 세상을 바라보고 있는가?
나는 어떤 감정으로 세상을 느끼고 있는가?

우리가 세상의 바탕으로 세상을 보고, 세상의 가치로 세상을 생각하고, 세상의 감정으로 세상을 느낀다면 세상의 것을 붙잡을 수밖에 없다. 그러나 하나님 중심으로, 하나님의 마음으로 세상을 바라본다면 다른 생각들이 나타날 것이다. 거룩한 결정을 할 수 있게 된다.

하나님은 선한 일을 위해 우리를 창조하셨다

성경은 하나님이 '선한 일'을 위해 우리를 만드셨다고 분명히 전한다.

우리는 그가 만드신 바라

그리스도 예수 안에서 선한 일을 위하여

지으심을 받은 자니 **엡 2:10**

우리는 하나님이 만드신 대로 선한 일을 위해 살고 있는가? 세상의 것으로 분주하고, 세상의 것에 마음을 빼앗겨 바쁘고 혼란스럽게 살고 있지 않은가? 이것은 하나님이 우리를 만드신 목적에 맞지 않는 삶을 사는 것이다. 어쩌면 그래서 사탄이 이 세상을 더 바쁘게 만들고 있는 것은 아닐까?

많은 사람들이 늘 무언가를 열심히 해야 하고, 뒤처지면 안 된다는 생각에 빠져 있다. 예전에 TV에서 〈공부가 머니?〉라는 예능 프로그램을 본 적이 있다. 아직 아이들이 아홉 살, 일곱 살밖에 되지 않았는데 밤 12시까지 공부를 시킨다. 이쯤 되면 가정이 아니라 감옥이다. 아이들도 너무 힘들고 부모도 지쳐가는데, 그들은 이것이 세상에서 살아남는 방법이라고 생각한다. 공부를 가장 큰 가치로 여기면 아이를 그렇게 키운다.

당신이 생각하는 인생의 가장 큰 가치는 무엇인가? 하나님이 가장 큰 가치인가? 아니면 세상을 누리는 것이 가장 큰 가치인가?

여기서부터 영적 중심 잡기가 시작된다. 우리가 영적 중심을 잡으려면 하나님이 우리에게 가장 귀한 분이 되셔야 한다.

세상에 끌려다니는 이유

우리가 세상에 끌려다니는 이유는 뭘까? 세상은 화려하다. 매혹적이다. 세상에서 잘나가면 소위 말해 폼나게 살 수 있다. 얼마나 유혹적인가?

사실, 누구나 폼나게 살고 싶지 않은가? 교회 다니는 우리는 겸손이나 섬김이란 단어를 많이 사용하지만, 꼭 그렇게 살고 싶지는 않다. 증거가 있다. 자녀에게 그렇게 가르치지 않는 걸 보면 알 수 있다.

자녀에게 "친구들을 항상 섬겨주고, 너보다 낫다고 생각하라"고 날마다 가르치는 부모는 거의 없다. 오히려 "친구가 때리면 울지 말고 너도 때려"라고 가르치지 않는가? 겸손하게 섬기며 살고 싶다고 말은 하지만, 정말로 그렇게 살고 싶지는 않은 것이다.

이런 걸 보면, 우리가 다 하나님의 사람인 것 같지만 세상의 가치를 따라 살아가고 있는 것 아닌가. 어느 순간 세상의 가치가 우리를 붙잡고 지배하기 시작하면, 주일에 예배 한 번 드리는 것으로 신앙생활의 모든 것을 끝내려는 '원스톱 신앙생활'을 하게 된다. 일주일에 한 번 ,주일에 교회에 와서 한 주간의 실수를 용서해달라고 부탁하고, 다음 한 주간도 잘 봐달라고 부탁한다. 그리고 또 세상에 나가 한 주간 세상에 질질 끌려다닌다. 이런 것은 기독교가 아니다. 세상을 추구하며 내가 원하는 인생을 전지전능한 하나님의 능력으로 이뤄내려는 것은 기독교가 아니다.

기독교는 하나님이 나의 주인이 되시는 것이다. 그분이 세상의 무엇보다 귀하고 누구와도 바꿀 수 없는 분이 되시는 것이다. 그 하나님을 섬기겠다는 것이 우리의 신앙고백이며, 세상 사람들과 다른 길을 걷는 사람들의 공동체가 바로 교회다. 그런데 너무 많은 세속화가 교회 안까지 침투해 들어온 것 같다.

이제 우리의 중심을 바로 세워서 내가 원하는 삶이 아니라 하나님이 원하시는 삶을 살아야 한다. 이것이 크리스천의 삶이다. 가능하다. 불가능하다고 생각하지 말라. 세상의 가치로 가득한 세상 한가운데서도 우리는 세상에 끌려가지 않고 하나님의 사람으로 살아갈 수 있다.

세상에 끌려다니는 삶 vs. 하나님 중심으로 사는 삶

세상에 끌려다니는 삶에는 세 가지 문제가 있다.

첫째로 너무 시끄럽다. 세상엔 잡스러운 소리가 너무 많고 덩달아 우리 마음도 너무 시끄럽다. 내 안에서 충돌되는 것들이 많다. 울분과 억울함, 여러 가지 감정이 뒤엉켜 속이 시끄럽다.

둘째로 바쁘다. 시간이 없다. 아침에 일찍 일어나 부지런히 출근하지만, 내 마음대로 쓸 수 있는 시간은 없다. 퇴근하고 친구라도 만나려면 피로가 더해진다. 친구를 만나고 돌아오는 길에 '괜히 만났다'는 생각도 든다. 그렇지 않아도 시끄러운 머릿속이 여러 생각으로 더 시끄러워진다.

셋째로 힘들다. 힘드니까 다른 사람에게 건네는 인사가 늘 "힘내! 힘내자. 화이팅" 같은 말들이다. 우리가 다 힘들기 때문이다.

왜 이렇게 우리 속은 항상 시끄러울까? 왜 이렇게 바쁠까? 왜 우리는 항상 힘들까? 하나님 중심이 아니기 때문이다. 세상에 끌려다니기 때문이다.

하나님 중심으로 살기 시작하면 놀라운 일이 벌어진다. 인생이 단순해지기 시작한다. 하나님 외에 다른 것을 귀하게 여기지 않을 때 세상에 대한 나의 반응이 달라진다. 나의 꿈, 비전,

성공을 내 인생 최고의 가치로 두던 삶에서 하나님 중심으로 가치관의 중심이 바뀐다. 그러면 그토록 마음 시끄럽던 것들이 싹 사라진다.

가정과 직장과 교회에서 맞닥뜨리는 모든 시간은 우리와 하나님과의 관계를 드러내는 시간이 된다. 하나님과 나와의 관계가 어떤지, 하나님이 우리 인생에 어떤 분이신지, 하나님이 나에게 어떤 의미인지를 드러내는 시간으로 살아가게 된다.

우리가 하나님 중심으로 살기 시작한다고 해서 갑자기 시간이 많아지진 않는다. 직장에 다니던 사람은 계속 직장에 가서 일을 해야 하고, 공부를 하던 사람은 계속 공부를 해야 하고, 사업을 하던 사람은 계속해서 사업을 펼쳐가야 한다. 영적 중심을 잡겠다고 직장을 내려놓는 게 아니다. 하지만 이제 그 직장이 하나님을 드러내는 무대가 된다. 우리 가정이 하나님을 드러내는 장소가 되며, 친구와의 만남이 하나님을 드러내는 사역이 된다.

다짐하라, 정리하라

하나님 중심의 삶을 살기 위해 인생의 영적 질서를 바로잡아야 한다. 그러기 위해선 다짐이 하나 필요하다.

"나는 더 이상 세상에 끌려다니지 않겠다!
세상은 나의 가치가 아니다."

세상에서 하나님이 주신 무대에 최선은 다하겠지만, 이제 더 이상 세상의 가치에 끌려다니지는 않겠다는 다짐이다.

> 그들이 내가 여호와 그들의 하나님이며 그들과 함께 있는 줄을 알고 그들 곧 이스라엘 족속이 내 백성인 줄 알리라 주 여호와의 말씀이라 겔 34:30

하나님이 누구신지를 알고, 우리가 하나님의 사람이라는 아이덴티티를 확고히 한다. 하나님의 사람답게 살며, 더 이상 세상의 방법대로 살지 않는다. 절대로 세상에 끌려다니지 않는다.

여기서 한 가지 명심할 것이 있다. 세상의 방법대로 바쁘게 살다가 힘든 결과를 만났을 때, 그것을 하나님의 뜻이라고 말하지 말라. 내 마음대로 살다가 일어난 고통의 결과를 하나님의 뜻이라고 말하지 말라. 교회에 오래 다녔다고 자기에게도 어느 정도 믿음이 있는 줄로 착각하고 나의 실수와 욕심에서 비롯된 일들을 하나님의 뜻이라고 포장할 때가 있다. 하지만 그런 것은 하나님의 뜻이 아니라 죄의 결과다.

인생을 단순하게 정리해야 한다. 그래야 세상에 마음을 빼앗기지 않는다. 물질과 명예 같은 것들만 조심해야 할 대상이 아니다. 아주 작은 것들을 조심해야 한다. 드라마나 영화를 좋아해서 꼭 봐야 한다면, 그 시간만큼 성경을 읽는다. 운동 같은 취미생활을 즐기고 있다면, 그만큼 영적인 시간을 보내기로 한다. 맛집을 찾아다니는 시간만큼 기도하고 말씀을 보자.

그리고 하나님과의 관계적 측면에서 전혀 상관없는 것들 중 지나치게 몰두하고 있는 것들이 있다면, 그것들을 정리하고 마음을 빼앗기지 않아야 한다. 그래야 삶의 영적 중심이 잡힌다.

시간표를 만들라

그리고 시간표를 만들라. 시간을 어떻게 사용하고 있는지 객관적으로 바라봐야 하기 때문이다. 내 시간이 어떻게 사용되고 있는지에 나의 인생 방향이 드러난다. 시간 사용에 대한 부분은 다음 장에서 좀 더 자세히 살펴보게 될 것이다.

일주일 동안 어떻게 살 것인지 매일매일 구체적으로 시간표를 정하고, 매일 밤 하루를 어떻게 보냈는지 시간표와 비교해보며 일기 형식으로 기록하라.

여기서 중요한 것이 있다. 그것은 나의 시간표에 '조용한 시간'이 있는지 체크하고 꼭 그 시간을 확보하라는 것이다. 꼭 기도하거나 말씀을 읽는 시간을 뜻하는 것이 아니다. 물론 말씀을 읽거나 기도해도 된다. 그러나 찬양을 들으며 묵상하거나 기도하는 것은 안 된다. 세상의 모든 소리가 멈추고 조용히 홀로 머무는 자신만의 시간을 30분, 혹은 단 15분만이라도 확보하라.

마음으로 주님과 이야기를 해도 된다. 창밖을 바라보며 오늘 하루를 생각해보아도 좋다. 가만히 앉아 있는 것도 하나님과의 독대가 된다.

아마 쉽지 않을 것이다. 우리가 어떤 사람들인가? 음악을 들으며 휴대폰을 보며 SNS를 하고, 동시에 공부까지 하는 멀티플레이어들 아닌가? 그런 우리가 고요함 가운데 가만히 있는 것은 생각보다 어렵다. 그러나 멈춤이 필요하다. 특히 요즘처럼 바쁜 시대에는 멈춤의 연습이 필요하다.

조용함이란 무엇인가?
멈춤은 무엇인가?
왜 이렇게 마음 시끄럽게 살아왔을까?
내 생각은 왜 이렇게 복잡하고 혼란스러웠을까?

아마 고요함 속에서 이런 것들을 생각해본다면, 알게 될 것이다. 일이 많아서 바쁘고 힘들고 어려운 줄 알았는데, 그저 혼란스러웠을 뿐이구나.

사탄이 가장 잘하는 일이 우리를 혼란스럽게 하는 것이다. 진리는 하나이기에 진리 자체를 아무리 흔들려 해도 좀처럼 흔들 수 없다. 그래서 사탄은 진리를 흔드는 대신, 그 진리 안에서 사는 우리를 혼란스럽게 한다. 그 혼란을 가중시키는 방법 중 하나가 세상의 시끄러운 소리를 끊임없이 더하여 우리의 마음과 생각을 시끄럽게 하고, 울분과 분노와 아픔과 억울함의 여러 감정으로 요동시키는 것이다.

혼란한 세상은 힘들다. 어린아이부터 노인에 이르기까지 다 힘들다. 세상에 끌려다니기 때문이다. 세상에 끌려다니는 한 계속 힘들다. 이제 멈춰야 한다. 우리는 세상에 끌려다니도록 창조되지 않았다. 우리는 선한 일과 하나님의 영광을 위하여 지으심을 받았다. 이 땅에서 하나님의 영광을 드러내는 피조물로서 살아야 한다.

멈추라. 정지하라.
더 이상 혼란스럽게 살지 않겠다고 결단하라.
세상에 끌려다니지 않겠다고 결단하라.

하나님이 원하시는 삶을 살겠다고 다짐하라!

영적 중심 잡기 프로젝트

영적 중심을 잡기 위한 과제가 챕터마다 있다. 감정을 자극하고 가슴이 뜨거워지는 과제가 아니다. 오히려 아주 담백하고 명료하게 수행해야 하는 과제다. 과제를 수행하면서 우리의 영적 삶을 구체적으로 진단해보고 영적 중심을 잡아가자.

영성은 감정의 변화로만 이루어지는 것이 아니다. 기도만 해서 이루어지는 것이 아니라 삶의 온전한 변화가 구체적으로 일어나야 한다. 은혜의 자리에서 받은 벅찬 감정과 은혜는 지속적이지 않다. 하나님을 중심으로, 하나님을 내 인생의 최고 가치에 두고 구체적인 인생의 방향을 정해야 한다. 그래야 더 이상 혼란스럽게 살지 않는다.

방향이 분명해야 세상에 끌려다니지 않는다. 우리의 영적 중심을 바로 세워서 혼란스러운 세상에 끌려다니는 것이 아니라 하나님 중심으로, 하나님이 원하시는 삶을 살아가자.

영적 중심 잡기 프로젝트 ⑴

1 — 매일매일 나의 시간표를 구체적으로 작성하고, 내가 시간을 어떻게 사용하고 있는지 확인한다.

2 — 시간표 안에 조용한 시간을 정하라. 아무 소리도 들리지 않는 조용한 시간을 가지며 일상을 멈추라.

3 — 하루를 마무리하면서 내가 실제로 어떻게 시간을 보냈는지 매일 기록을 남기고 확인한다. 하나님이 보시기에 아름다운 시간을 보냈는가?

4 — 하나님 중심으로 구체적인 영적 질서가 세워져서 다시는 영적으로 흔들리지 않는 삶을 살도록 기도한다.

시간은
우리의 것이
아니다

그런즉 너희가 어떻게 행할지를 자세히 주의하여
지혜 없는 자같이 하지 말고 오직 지혜 있는 자같이 하여
세월을 아끼라 때가 악하니라
엡 5:15,16

바쁨이 일상인 시대

시간은 눈에 보이는 것 같지만 눈에 보이지 않는다. 시계의 바늘이 가리키는 시각은 보여도, 하루의 시간은 보이지 않는다. 일상은 계속 반복되고, 반복되는 일상에서 시간을 귀하게 사용하는 것은 쉽지 않다.

시간의 소중함이 가장 극명하게 피부로 와 닿는 순간은 종료 시간을 2,3분 앞둔 박빙의 스포츠 경기를 볼 때다. 그때는 1초가 소중하고, 1초가 아쉽다. 우리가 매 순간을 그렇게 살 수는 없다. 하지만 시간의 소중함을 알고 느끼고는 살아야 하지 않겠는가?

지금 우리가 살아가고 있는 이 시대는 '정신없이 바쁜 시대' 다. 늘 하는 말이 "정신없어!"란 말이다. 그리고 그런 삶을 추구하는 시대이기도 하다. 시간이 조금만 여유로워도 남들보다 뒤처진 인생인 것처럼 느껴진다. 한마디로 바쁨이 일상이 되었다. 친구가 갑자기 전화해서 "오늘 같이 밥 먹을까?" 하면 시간이 있으면서도 매번 밥 먹을 시간이 있으면 무시당할까봐 "오늘은 시간이 없네"라고 얘기하는 안타까운 해프닝이 벌어지기도 한다.

바쁘지 않으면 다른 사람보다 뒤처진 것인가?
그러면 바쁜 것이 성공인가?

이 질문에 우리는 당연히 "아니"라고 답한다. 바쁨이 성공이라면 우리는 계속해서 정신없이 살아야 한다. 하지만 앞에서 우리가 바쁜 것이 아니라 혼란스러운 것이라고 배웠듯이, 시간 관리에 있어서도 우리는 혼란스러워하고 있다. 혼란스러운 것은 새롭게 질서를 정립해야 할 영역이다.

시간은 관리의 대상이다. 시간이 우리를 다스리는 것이 아니다. 모든 사람에게 똑같이 주신 것이 시간이며, 그리고 하나님은 이를 다스리라고 말씀하신다.

여기서 한 가지 분명하게 짚고 넘어갈 것은, '쉼'과 '게으름'은 다르다는 것이다. 성경은 게으름에 대해서는 단호하게 질책한다. 하지만 쉼에 대해서는 '쉼을 가지라'고 한다. 이 사실을 기억하며 시간을 관리하는 것에 대해 생각해보자.

또한 "시간의 주인이 누구인가?"라는 질문에 대해서도 많은 이들이 망설임 없이 "하나님"이라고 대답할 것이다. 말은 그렇게 하지만 정말로 시간의 주인이 하나님이시라고 생각하고 생활하고 있는지도 면밀히 살펴보아야 할 문제이다.

시간의 우선순위

잘 알려진 이야기 중에 이런 이야기가 있다. 어떤 교수가 강의실에 큰 항아리를 가지고 와서 거기에 돌을 가득 넣었다. 그리고 학생들에게 물어보았다.

"이 항아리가 가득 찼습니까?"

학생들은 "네, 가득 찼습니다"라고 대답했다. 학생들의 대답을 들은 교수는 그 항아리에 고운 모래를 부었다. 그러고서 학생들에게 한 번 더 물었다.

"이 항아리가 가득 찼습니까?"

이번에도 학생들은 "가득 찼습니다"라고 대답했다. 그러자 교수가 이번에는 항아리에 물을 넣었다. 가득 찬 것처럼 보였던 항아리에 물이 들어갔다.

무엇을 먼저 넣느냐에 따라 이미 다 채운 항아리처럼 보여도 더 많은 것을 넣을 수 있다. 보이는 것이 다가 아니라 무엇을 먼저 하느냐가 얼마나 중요한지를 말하는 예화다. 만약 항아리에 돌이 아니라 모래를 먼저 넣었다면, 돌은 넣지 못했을 것이다.

마찬가지로 시간 관리에서 가장 중요한 부분은 우선순위를 정하는 것이다. 먼저 할 일을 정한 후에 할 수 없는 일들은 버리는 것이다. 우선순위를 정한다는 것은 할 수 없는 일을 명료하게 하고, 그 일은 정리하는 것을 포함한다. 한정된 시간 안에 모든 일을 다 할 수는 없기 때문이다.

우선순위를 정한다는 것은 무엇을 먼저 할 것인가의 문제인 동시에 무엇을 포기할 것인가에 대한 결정을 포함한다. 이것은 우리의 가치관을 통해서 정해진다. 우리가 '하나님 중심'의 가치관을 세웠다면, 스케줄에도 그 부분이 선명하게 드러나야 한다.

우선순위에 따라 가장 먼저 해야 할 일,

개선해야 할 시간 사용,

그만두어야 할 일들을 정리하다 보면

나의 우선순위가 어디에 있는지

분명하게 드러나게 되어 있다.

시간에 끌려다니면 애매모호한 인생이 된다

앞에서 살펴봤듯이, 우리는 세상에 끌려다니면 안 된다. 마
찬가지로 시간에도 끌려다니면 안 된다. 시간에 질질 끌려다니
다 보면 내 시간인 것 같지만 내 시간이 아니다. 내 인생인 것
같지만 내 인생이 아니다.

그렇다고 남의 인생인 것도 아니니, 이것도 저것도 아닌 애매
모호한 인생이 되고 만다.

시간 사용과 관련해서 세상에는 두 부류의 사람이 있다. 한
부류는 시간을 함부로 사용하는 사람이다. 그냥 막 사는 것이
다. 아무렇게나 산다. 시간에 구애받지 않고 자유롭게 사는 것
처럼 보이지만, 아침에 눈을 뜨는 순간부터 밤에 눈을 감는 순
간까지 시간에서 자유로울 수 없다. 사실 눈을 감는 순간에도
시간에서 자유롭지 않다. 일어날 시간에 알람을 맞춰놓고 잠

자리에 들지 않는가?

두 번째 부류는 시간에 묶여 사는 사람이다. 시간을 쪼개고 쪼개서 쓰는 사람들이다. 우리가 보기엔 너무나 부지런하게 시간을 아끼며 계획적으로 사는 것 같지만, 사실 시간에 질질 끌려다니는 것이다. 자신이 원하는 것을 하는 게 아니라 시간에 얽매여 사는 사람들이다. 그렇다면 우리는 시간을 어떻게 사용해야 하는가?

시간 관리의 1순위

'시간'을 뜻하는 헬라어 단어가 두 가지 있는데, '크로노스'와 '카이로스'이다. 크로노스는 흘러가는 시간을 의미한다. 즉, 하루 24시간 쭉 흘러가는 시간이다. 카이로스는 직면하는 시간이다. 하나님의 때, 은혜의 시간과 같이 무언가와 직면하는 시간을 의미한다.

크로노스의 시간만 흘러가게 두면 카이로스의 시간을 가질 수 없다. 시간표를 작성하고 우선순위를 세워야 인생이 그냥 흘러가는 시간이 아니라 하나님과 직면하는 카이로스의 시간으로 채워진다.

이것을 다시 말하면, 시간 관리에 있어서도 가장 중요한 것이 '하나님과 가까이 있는 것'이란 말이다.

> 나는 포도나무요 너희는 가지니
> 그가 내 안에, 내가 그 안에 거하면
> 사람이 열매를 많이 맺나니
> 나를 떠나서는 너희가 아무것도 할 수 없음이라 요 15:5

우리가 하나님을 떠나면 죽는다. 하나님께 붙어 있는가? 하나님과 붙어 있는 시간이 얼마나 되는가? 이것이 시간 관리에 있어서 굉장히 중요한 문제다.

물론 우리에게 주어진 하루 24시간이 다 하나님의 것이지만, 하나님께 우선순위를 두고 시간을 정하여 하나님과 만나고 하나님을 붙잡고 있느냐 하는 것은 다른 이야기다. 하나님께 우선순위를 두고 하나님과 직면하는 시간을 빼두지 않으면 우리 시간 관리에서 실패할 수밖에 없다. 카이로스의 시간을 만날 수 없기 때문이다.

균형 잡힌 삶이 아니라 예수님이 주인 되시는 삶

《예수를 입는 시간》을 쓴 켄 시게마츠는 균형 잡힌 삶이 아니라 예수님이 주인 되시는 삶을 살라고 한다. 즉, 세상이 말하는 균형 잡힌 삶이 아니라 예수님이 주인이심을 인정하고 모든 일의 중심에 그리스도를 모시고 사는 살아 있는 신앙이 필요하다는 말이다.

요즘 세상에서 가장 중요하게 생각하는 것 중의 하나가 '균형'이다. 균형 잡힌 먹거리, 균형 잡힌 쉼, 균형 잡힌 라이프 스타일, 일과 여가의 균형 등 모든 영역에서 균형을 추구한다. '웰밸런스, 워라밸' 같은 말들이 익숙하게 들리고, 일만 하는 것이 아니라 좋은 취미를 갖고 좋은 쉼을 누리며 여가를 즐기는 균형 잡힌 삶을 살라고 종용한다.

SNS를 보면 맛집 사진, 예쁜 카페 사진, 여행지 사진이 정말 많다. 끊임없이 '나는 이런 좋은 음식을 먹었고, 이런 좋은 곳에서 쉬고 있다'는 것을 사람들에게 어필한다. 일상에서 치열한 삶을 살았으니 '지금은 힐링 중'이란다. 이런 것이 진짜로 힐링인지는 알 수 없으나 다들 그렇다고 하니 '힐링'이란 해시태그를 단다.

하지만 하나님과 떨어져 있는 모든 순간은 진정한 평안이 될 수 없다. 진정한 쉼도 될 수 없다. 우리에게 필요한 것은 균형이 아니라 진정한 주인이다. 진정한 주인을 알 때 다른 무언가에 끌려다니지 않을 수 있다.

우리는 시간에 끌려다니지 말고 시간을 지배해야 한다. 분주하게 쫓아다니고 끌려다니는 시간 외에 우리가 컨트롤하고 지배하는 시간이 얼마나 되는지 바라봐야 한다.

무언가에 끌려다니지 말고 하나님 앞에서 하나님이 이끄시는 하나님의 사람답게 살자. 세상 사람들이 주장하는 것처럼 균형 잡힌 삶을 맹목적으로 따라가는 것이 아니라 하나님이 주인 되시는 인생을 살자.

따라서 생활수칙을 세우는 목적과 원칙도 균형 잡힌 삶이 아니라 그리스도를 모든 일의 중심에 두는 것이다. 그리스도가 우리 삶의 핵심이 되게 하는 것이다.

생활수칙이란 단순히 시간을 아끼고 쪼개서 내가 이것도 하고, 저것도 하는 것이 아니라, 시간 사용의 우선순위를 분명히 하는 것이다.

크리스천의 시간 관리

생각해보면 예수님의 시간 관리는 엉망이었다. 세상 사람의 기준으로 보면, 예수님에게는 시간 관리의 개념 자체가 존재하지 않았던 것 같다. 성경을 보면 예수님이 주무시거나 쉬는 장면이 거의 나오지 않는다. 배로 이동할 때, 풍랑 속에서 주무시는 장면이 유일한 것 같다.

성경에 나온 장면이 전부는 아니겠지만, 추측건대 예수님은 편안하게 주무시거나 쉬신 적이 거의 없으시다. 취미생활도 안 하셨다. 예수님은 공생애 기간이었던 3년 내내 사람들을 만나셨고, 환자를 고치셨으며, 때로는 풍랑 속에서 잠을 청하셨고, 인자는 머리 둘 곳이 없다고 말씀하셨다. 그런 바쁜 스케줄 속에서도 예수님은 수시로 무리를 떠나 홀로 하나님께 기도하셨다.

예수님의 삶에는 균형이란 게 하나도 없으셨다. 오직 하나님만 계셨다. 오로지 하나님의 일, 하나님의 역사, 하나님의 뜻밖에 없으셨다.

우리도 마찬가지다. 내가 얼마나 균형 잡힌 삶을 누리고 내가 시간을 얼마나 잘 나누어서 균형 있게 사용하느냐가 내 인생 시간표의 핵심이 아니다. 생활수칙의 핵심은, 우리가 얼마나 그리스도께로 가까이 가느냐, 우리가 얼마나 하나님을 알아가느냐에 있어야 한다.

크리스천에게 시간 관리의 의미는, 아침에 일어나서 30분 동안 큐티를 하고, 균형 잡힌 식단으로 아침을 먹고, 몇 시부터 몇 시까지는 자기 계발을 위해 책을 읽고, 체력을 위해 운동하겠다고 하는 시간표 빈칸 채우기가 아니다.

내가 원하는 인생을 살아보려고 버둥거리는 것이 아니라 하나님 중심의 시간표를 잡고 영적인 일에 핵심을 두고 시간 관리를 시작하는 것이다. 왜냐하면 우리는 청지기이기 때문이다. 물질만 청지기로서 잘 관리해야 하는 것이 아니다. 시간도 하나님이 주신 소중한 선물이니, 청지기로서 잘 관리해야 한다.

하나님에게서 멀어지지 않는 생활 리듬을 가져라. 세상에서 살지만, 영적인 패턴을 가지고 하나님에게서 멀어지지 않도록 우리의 시간을 관리해야 한다. 매일의 시간표를 세밀하게 체크하고 눈으로 직접 확인하면서 자신의 스케줄을 관리하라.

자신의 영성을 매번 '돌아오는 탕자'의 이야기로 만들지 말라. 특별한 집회나 예배 혹은 단기 선교여행 때는 큰 은혜를 받았다가도 일상으로 돌아오면 또다시 제자리로 돌아가버리는 삶을 살지 말라. 매일 하나님을 더 알아가는 생활 리듬을 만들어야 한다.

더 이상 시간을 그냥 흘려보내면서
신앙의 연수만 늘릴 수는 없다.

게으름

성경은 게으름에 대해 단호하게 말한다.

> 내가 게으른 자의 밭과 지혜 없는 자의 포도원을 지나며 본즉
> 가시덤불이 그 전부에 퍼졌으며
> 그 지면이 거친 풀로 덮였고 돌담이 무너져 있기로
> 내가 보고 생각이 깊었고 내가 보고 훈계를 받았노라
> 네가 좀 더 자자, 좀 더 졸자,
> 손을 모으고 좀 더 누워 있자 하니
> 네 빈궁이 강도같이 오며
> 네 곤핍이 군사같이 이르리라 잠 24:30-34

"게으른 자의 밭"과 "지혜 없는 자의 포도원"을 똑같이 비유
한다. 성경은 게으른 자와 지혜 없는 자를 동일하게 대한다.
지혜 없는 자의 결론은 패망이다. 지혜가 있어야 하나님을 알
고 하나님을 붙잡는다. 마찬가지로 게으른 것도 그 결과가 패
망이다. 그만큼 게으른 것을 하나님은 엄하게 경고하신다.

우리는 시간을 정하고 하나님 앞에 우선순위를 확실히 정해
야 한다. 그것이 게으르지 않은 자로 살 수 있는 길이며, 세상
에 휩쓸리지 않는 지혜 있는 자로 살 수 있는 길이기도 하다.

성경에 시간을 정하고 하나님 앞에 나아갔던 사람이 있다. 바로 다니엘이다. 다니엘이 시간을 정하여 기도했던 이유가 있다. 바벨론에 살면서 바벨론의 문화에 휩쓸리지 않고 하나님을 붙잡기 위해서였다.

이스라엘 사람들에게 바벨론은 어마어마한 나라였다. 비유하자면, 문명의 발달을 전혀 모르던 사람이 갑자기 온갖 문명을 다 만난 것 같은 충격이었을 것이다. 다니엘도 마찬가지였을 것이다. 그가 하나님 앞에서 시간을 정해 기도했던 것은 바벨론이란 세상의 문명과 문화에 마음을 빼앗기지 않기 위해서였다.

시간을 투자하여 영적 생활을 관리하라

시간이 관리의 대상인 것처럼 영적 생활도 관리가 필요하다. 육체도 관리해야 건강을 지킬 수 있듯이, 영성도 그렇다. 달라스 윌라드는 '은혜는 노력이 아니라 오히려 노력으로 얻어내는 것에 반대를 의미한다'라고 했다. 은혜는 거저 주시는 것이다. 그렇기에 우리의 노력으로 하나님과 함께하는 삶을 얻어낼 수는 없다. 이것은 오직 은혜로만 가능하다. 하지만 분명 우리가 힘써서 해야 할 부분이 있다.

그러므로 너희가 더욱 힘써

너희 믿음에 덕을, 덕에 지식을,

지식에 절제를, 절제에 인내를, 인내에 경건을,

경건에 형제 우애를,

형제 우애에 사랑을 더하라 **벧후 1:5-7**

우리는 예수님의 은혜로 예수님을 알게 되었다. 그런 우리가 이제 '힘써' 행해야 할 일이 있는데, 믿음에 덕을, 덕에 지식을, 지식에 절제를, 절제에 인내를, 인내에 경건을, 경건에 형제 우애를, 형제 우애에 사랑을 더함으로써 예수님을 닮아가는 것이다. 이것은 우리가 해야 하는 일이며, 성경은 '더욱 힘써' 이것들을 행하라고 했다.

무언가를 '힘써' 행한다는 것의 의미는 분명한 시간적 투자가 있어야 한다는 것이다. 시간의 투자 없이 어떻게 하나님을 붙잡을 수 있겠는가? 시간을 투자한다는 것은 마음을 드리는 것이다. 시간의 투자 없이 이룰 수 있는 일은 없다.

게임이나 운동도 잘하는 비결은 다른 게 없다. 많이 하고, 오래 하면 된다. 시간을 많이 투자하면 잘하게 되어 있다. 예전에 내가 어렸을 때는 동네마다 동전을 넣고 게임을 하는 오락실이 있었다. 높은 점수를 내는 아이들을 보면 동전을 봉지째 가져다 놓고 게임을 했다. 그런 애들이 잘했다. 많이, 오래 했기 때문이다.

영적인 사람이 되고 싶다면 영적인 일에 시간을 투자해야 한다. 시간표를 만들어 영적인 활동에 우선적으로 시간을 투자해야 한다. 그렇지 않으면 바쁜 세상에 휩쓸려 영적인 영역은 지나치기 쉽다.

세상이 휩쓴다고 세상에 끌려다니고, 바쁘다고 시간에 끌려다니기만 해서는 절대로 하나님과의 시간을 확보할 수 없다. 우리는 '더욱 힘써' 우선적으로 하나님을 붙잡아야 한다.

이런 것이 너희에게 있어 흡족한즉
너희로 우리 주 예수 그리스도를 알기에
게으르지 않고 열매 없는 자가 되지 않게 하려니와 벧후 1:8

그리스도를 아는 일에 게으르지 말라. 시간표에 분명히 드러나게 살자. 내가 시간을 어떻게 사용하는지를 보면 나의 정체성이 드러난다.

신앙 중심의 스케줄 관리

인생의 비극은 꿈을 이루지 못하는 것이 아니고, 무언가를 소유하지 못하는 것도 아니며, 만나고 싶은 사람을 만나지 못하는 것도 아니다.

인생의 비극은 거룩해지지 못하고 예수님을 닮지 못하는 것이다. 가장 큰 비극은 은혜를 체험하고도 주님을 알지 못한 채 살아가는 것이다.

영국에 그리니치 천문대가 있다. 이곳이 시간의 중심이다. 이곳을 중심으로 세계의 시차가 정해진다. 하나님의 시간도 때가 있다. 하나님을 직면해야 하는 때, 우리가 하나님을 일대일로 만나야 하는 때가 우리에게 찾아온다. 그때 우리가 아름다운 모습으로 주님을 끌어안을 수 있으려면 매일매일 하나님과 직면하는 시간을 가져야 한다. 매일매일 크로노스의 시간 속에서 카이로스의 시간을 가져야 한다.

지금은 악한 시대다. 중요하고 가치 있는 일부터 우선순위에 따라 시간표를 정하고 시간을 아끼라. 그리고 버려야 할 것을 버려라. 버리지 않으면 시간이 확보되지 않는다.

끌려다니지 말고 지배하기 시작하라.

더 이상 끌려다니지 말고 다스리기 시작하라.

신앙 중심의 스케줄 관리를 해야 한다. 더 이상 누군가의 관리와 돌봄을 받을 생각하지 말고, 스스로 자신의 몸과 마음을 잘 관리하며 영적 중심을 세워가라. 영적인 활동에 우선순위를 두는 스케줄 관리를 통해서 삶의 전반적인 관리가 이루어진다.

아등바등 살지 말자. 시간에 쫓겨서 살지 말자. 시간을 지배하기 시작하고, 하나님의 것부터 붙잡기 시작하자. 그렇게 시간이 관리되기 시작할 때 바쁜 일상 속에서도 평안을 느낄 것이다.

주님과 함께하는 시간 속에서 평안을 선물로 받을 것이다. 주님과 함께하는 시간은 버리는 시간이 아니다. 주님 앞에 엎드리는 시간을 확보하고, 주님과 독대하는 시간을 확보하라. 청지기로서 시간을 관리하고 다스리는 것이 하나님께서 원하시는 질서다.

질서가 바로 잡혀 있지 않으면 시간에 질질 끌려다니게 되고, 하루가 획획 지나가버린다. 너무 바쁘고 힘들게만 느껴진다. 그러나 다시 한번 기억하라. 바쁜 것이 아니라 혼란스러운 것이다. 혼란은 사탄의 방법이다.

혼란한 삶을 멈추고, 잠시 숨을 고르며 영적인 질서부터 세우라. 하나님 중심의 영적 질서가 바로 세워지고, 시간을 관리하기 시작할 때 영적으로 능력 있는 삶을 살기 시작할 것이다.

영적 중심 잡기 프로젝트 ⑫

1 ── 나의 우선순위가 어디에 있는지는 내가 무엇을 위해 시간을 사용하고 있는지를 보면 알 수 있다. 요즘 내가 가장 많은 시간을 할애하는 것은 무엇인가?

2 ── 내가 가장 많이 할애하는 시간은 하나님을 알아가는 데 도움이 되는 시간인가?

3 ── 시간에 끌려다니는 삶이 아니라 시간을 다스리고 관리하는 삶을 살기 위해서는 하나님 중심의 시간 관리가 필요하다. 나의 하루 시간표를 확인해보면서 하나님 중심으로 어떻게 재편성하면 좋을지 생각해보자.

4 ── 하나님 앞에 나아가 나의 시간은 나의 것이 아니며 하나님이 주신 선물임을 고백하고, 하나님과 직면하는 시간으로 나의 시간을 채울 수 있도록 주님의 도우심을 구하며 기도하라.

chapter

3

좋은 것을
먹지 않으면
아무거나
먹게 된다

청년이 무엇으로 그의 행실을 깨끗하게 하리이까
주의 말씀만 지킬 따름이니이다 내가 전심으로 주를 찾았사오니
주의 계명에서 떠나지 말게 하소서 내가 주께 범죄하지 아니하려 하여
주의 말씀을 내 마음에 두었나이다 찬송을 받으실 주 여호와여
주의 율례들을 내게 가르치소서

시 119:9-12

잘 먹고, 잘 살고, 잘 죽는 것

'영의 음식을 먹는다'라거나 '영혼의 꼴을 먹는다'라는 표현을 자주 쓴다. 하지만 한 가지 물어보고 싶다.

"우리는 영적인 배고픔을 느끼는가?"

사람이 하루에 두 끼든, 세 끼든 끼니를 먹는 이유는 배고픔을 느끼기 때문이다. 신체가 건강하면 당연히 배고픔을 느낀다. 그렇다면 영적으로는 어떤가?

영적으로 목마르다고, 갈급하다고 찬양은 많이 하지만, "목마른 사슴이 시냇물을 찾듯이 주님을 찾습니다. 주님을 갈망합니다"라고 기도는 많이 하지만 정말 우리 안에 그런 영적인 갈급함이라는 게 있는가? 우리가 정말 하나님을 원하는가? 영적인 갈급함이 느껴지지 않는다면 어쩌면 우리는 영적 건강을 잃어가고 있는 것인지도 모른다. 이것부터 체크해봐야 한다.

우리가 이 땅에서 살면서 무엇을 먹느냐는 정말 중요하다. 흔히 '웰빙'이라고 하는, 잘 먹고 잘 사는 것이 중요한 세상이 되었다. 그러니 맛집도 유행이고, 먹방도 핫하다.

기독교적 관점에서 보자면 웰빙보다는 웰다잉이 중요하다. 잘 먹고 잘 사는 것도 중요하지만 그에 못지않게 잘 죽는 것이 중요하다. 크리스천은 장례식이 부흥회가 되어야 한다.

내 성격의 가장 큰 장점이자 단점이 솔직하다는 것이다. 장례를 치르면서 그 사람이 예수님을 잘 믿었는지 안 믿었는지 확실치 않으면 천국에 갔다고 선포하지 않는다. 그렇다고 슬픔에 잠긴 유족들 앞에서 "이분은 안타깝지만 지옥에 가셨습니다"라고 할 수도 없는 노릇이니 말문이 막힐 때가 종종 있다.

우리가 장례식에서 천국소망을 선포하지 못하면 무슨 할 말이 있을까? 그래서 나는 성도들에게 "장례식 때 내게 할 말을 달라"고 자주 말한다.

우리는 다 죽음 앞에서 천국소망을 선포할 수 있도록 잘 살고, 잘 죽어야 한다. 장례식이 부흥회가 될 수 있도록 말이다. 비록 세상엔 없지만 지금 예수님의 품에 안겨 있는 모습을 그려보라고 선포할 수 있다면, 얼마나 강력하게 복음을 전할 수 있을까?

말씀을 잘 먹는 법

잘 먹고 잘 살고 잘 죽는 것에 있어서 가장 중요한 부분은 '영의 음식'이다. 영의 음식은 한마디로 '말씀'이다. 그렇다면 우리가 어떻게 영의 음식인 말씀을 섭취해야 하는지 구체적인 방법을 살펴보자.

영의 집밥 – 성경 통독

내가 주께 범죄하지 아니하려 하여
주의 말씀을 내 마음에 두었나이다 시 119:11

우리가 주님 앞에서 잘 살기 위해서, 주님께 범죄하지 않기 위해서는 주의 말씀을 마음에 두어야 한다. 성경을 읽어야 한다. 성경에 대한 책 말고 성경을 읽어야 한다!

성경은 안 읽고 다른 책들을 통해 성경을 배우는 방법은 추천하고 싶지 않다. 성경에 대한 책들, 기독교에 대한 책들은 우리의 중심 텍스트가 될 수 없다. 우리가 가장 중요하게 생각할 중심 텍스트는 성경이어야 한다.

그런데 우리는 성경을 너무 안 읽는다. 성경통독을 열심히 하면 성경의 맥락을 알게 된다. 창세기부터 요한계시록까지 적어도 열 번은 통독을 해야 한다.

사실 20년, 30년 교회에 다녀도 성경을 여러 번 통독하기가 쉽지 않다. 성경에 대해서 쓴 책들도 읽고, 설교도 듣고, 여러 가지 훈련도 받으면서 성경에 대한 지식은 늘지만 정작 성경을 제대로 통독한 사람은 적다. 그만큼 빈약하다는 것이다. 그러면 우리가 영적으로 강해질 수 없다.

영의 집밥은 성경이다. 밖에서 사먹는 음식이 아무리 맛이 있어도 집밥으로 건강해진다. 특식으로 건강을 회복할 수 없다. 영적으로 건강한 음식을 먹지 못하면 입에 맞는 특식만 찾는다. 집회 찾아다니면서 은혜 받고 특식만 먹으며 집밥을 안 먹는다. 그러면 건강해질 수가 없다. 성경 통독만큼 영적인 깊이와 기초를 갖춰줄 방법은 없다.

영적 끼니 – 주일예배

하나님의 말씀을 먹는 두 번째 방법은 주일예배이다. 예배는 정말 중요하다. 속해 있는 공동체에서 드리는 예배는 식사 때에 맞춰 제때 먹는 영적 끼니라고 할 수 있다. 하나님의 말씀이 선포되고 세상의 빛으로 살아갈 수 있는 영적 에너지를 얻는 시간이 바로 예배 시간이다.

그렇기에 설교는 사람의 말이 아닌 성경을 풀어주는 말씀이 좋다. 하나님의 말씀만이 온전하게 영적인 성장으로 이끌기 때문이다. 하나님 중심의 예배, 하나님 앞에 온전하게 서 있는 건강한 교회에서 드리는 예배는 영적 성장에서 정말 중요하다.

예배에 최선을 다하라. 예배의 시간을 지키고 미리 준비하라. 토요일 저녁에 바쁘게 보내면 주일이 피곤하다. 교회가 피곤하게 하는 게 아니라 토요일을 바쁘게 보낸 탓에 피로감이 쌓인 것이다. 예배의 기쁨을 빼앗는 것들을 피해야 한다. 그래야 우리가 영적으로 건강해질 수 있다.

하나님과 독대의 시간 – 묵상

세 번째로 하나님의 말씀을 먹는 방법은 하나님과 독대의 시간을 갖는 것이다. 이것은 성경을 통독하는 시간이 아니라 성경을 묵상하는 시간이다.

말씀을 묵상하는 것은, 말씀을 많이 읽는 게 아니라 짧은 말씀을 곱씹어서 생각하며 읽는 것이다.

복 있는 사람은 악인들의 꾀를 따르지 아니하며
죄인들의 길에 서지 아니하며
오만한 자들의 자리에 앉지 아니하고
오직 여호와의 율법을 즐거워하여

그의 율법을 주야로 묵상하는도다

그는 시냇가에 심은 나무가 철을 따라 열매를 맺으며

그 잎사귀가 마르지 아니함 같으니

그가 하는 모든 일이 다 형통하리로다 시 1:1-3

복 있는 사람은 하나님의 말씀을 즐거워하고 주야로 묵상한다고 했다. '묵상'이란 단어는 히브리어로 '하가'이다. 이 단어는 이사야서에도 등장하는데, 거기서는 사자 같은 맹수가 먹이를 쳐다보면서 생각한다는 뜻으로 이 단어를 사용했다. '어떻게 하면 저것을 먹을까' 으르렁거리며 생각할 때도 '하가'란 단어를 쓴다는 것이다.

유진 피터슨이 《이 책을 먹으라》라는 책에서 이런 이야기를 소개했다. 그가 키웠던 큰 개가 큰 뼈다귀를 좋아했다. 뼈다귀를 주면 좋아하며 뼈다귀를 핥고 끌어안고 이리저리 뒹굴면서 두어 시간씩 즐기며 먹었다. 그런 다음에는 땅에 파묻는단다. 그리고 그 다음날 땅에 묻은 걸 다시 파내어 또 먹고 즐기는데, 그렇게 일주일정도 하면 그 뼈가 완전히 없어진다는 이야기다.

우리가 여호와의 말씀을 그렇게 먹어야 한다는 것이다. 끌어안고 이리저리 맛보고, 먹고, 골수를 빼내고, 이렇게도 먹고, 저렇게도 먹고 하루에 두어 시간씩 그렇게 씨름하다가 그 다음

날 또 찾아가서 그렇게 하는 것이다.

말씀에 대해서 그런 마음이 있는가? 누군가를 좋아하면 그 사람을 생각한다. 무엇을 좋아할까 생각하며 그 사람에게 잘 보이려고 한다. 마음을 쓰면서 그 사람에게 잘 보이려고 한다. 마음이 간절해진다. 하나님을 사랑한다고 말하면서, 하나님의 말씀에 대한 이런 간절함과 사랑이 있는가?

말씀을 향한 열망이 너무 작다

말씀을 향한 열망이,
말씀을 향한 갈망이 너무너무 작다.

그러다 보니 하루 만에 성경을 알 수 있다고 하는 책이나 통독에 대한 책은 읽어도 정작 성경은 읽지 않는다. 주식은 먹지 않고 반찬만 먹는 것과 같다. 그러면 영적인 영양실조에 걸리고 만다.

복 있는 사람은 하나님의 말씀을 이리저리 맛보고 물어뜯고 붙잡고 살아간다. 한꺼번에 많이 먹는다고 되는 게 아니다. 문득 깨닫고 오늘 한 시간 성경 읽었다고 영적인 영양실조가 해결되는 게 아니다. 매일 꾸준히 말씀을 먹어야 한다.

예배가 중요하다고 했지만, 예배만 드려서는 영적으로 건강해질 수 없다. 교회에 꽤 오래 다녔는데도 예배만 열심히 참석하고 성경을 너무 모른다면 영적으로 결핍이 생긴다. 당장은 눈에 드러나지 않아도 영적인 건강이 서서히 나빠진다. 건강은 한꺼번에 망가지지 않는다. 잘못된 영양 섭취와 습관으로 서서히 망가지는 것처럼 영적인 건강도 마찬가지다.

예배드리는 겉모습만 보면 다 똑같이 신앙생활 열심히 하는 것 같지만 하나님의 말씀에 집중하고 하나님의 말씀을 붙잡고 살아가는 사람과 그렇지 않은 사람은 다르다. 사람이 갑자기 그 자리에서 죽는 것도 무섭지만 서서히 죽어가는 것도 굉장히 무섭다. 말씀을 붙잡지 않으면 서서히 죽어간다.

영적 기본은 성경이다

앞에서 살펴본 것처럼, 시간표를 만들고 우선순위를 정하고 버려야 되는 시간을 버려라. 그리고 하나님의 말씀을 붙잡는 시간을 확보하라.

A. W. 토저 목사님은 《하나님을 추구하라》라는 책에서 "성

경은 그 자체로서 목적이 아니라 사람들을 하나님에 대한 친밀하고도 만족감을 주는 지식으로 이끄는 수단이다"라고 말했다. 성경을 통해 우리는 그분 안으로 들어간다. 그분의 임재 안에서 즐거워하고 마음 깊은 곳에서 그분의 달콤함을 맛볼 수 있다.

하나님과 하나 됨, 하나님과의 연합을 많이 말하지만 하나님과의 연합은 말씀으로 가능하다. 말씀이 육신이 되어 오셨듯이, 말씀은 우리로 하나님께 나아가게 한다.

기도의 사람이 되고 싶은 사람이 많다. 하루에 한 시간씩 기도하겠다고 다짐하고 무릎 꿇고 기도하기 시작한다. 교회를 위해 기도하고, 가족들을 위해 기도하고, 주변 사람들을 위해 기도하고, 세계를 위해 기도하고 눈을 떴는데 10분밖에 안 지났다.

기도가 풍성해지려면 말씀을 읽어야 한다. 말씀을 읽어야 기도가 풍성해진다. 모든 영적 기본은 말씀에 있다.

성경을 읽자.
성경에 대한 책을 읽지 말고,
성경을 읽자.

하루에 30분만이라도 매일 성경을 읽자. 나는 성도들에게 취미생활을 하거나 TV를 보는 시간만큼 성경을 읽자고 권한다. 운동을 한 시간씩 한다면 성경도 한 시간씩 읽는 것이다. 시간표를 만들 때 성경 읽는 시간을 가장 먼저 배치하라. 그래야 우리의 영이 건강해진다.

통독과 묵상과 암송

말씀을 읽는 데는 앞에서 언급했듯이, 두 가지 방법이 있다. 통독과 묵상이다.

통독은 말 그대로 성경을 쭉 읽어나가는 것이다. 모르는 것이 나와도 넘어가고 읽는다. 옛 수도사 사제들에 관한 기록을 보니, 그 분들은 성경을 소리 내서 읽었다. 눈으로만 읽지 않고 계속 소리 내서 읽었다. 소리 내서 읽는 것이 성경 통독하는 데 도움이 된다. 눈으로만 읽으면 미처 다 읽기도 전에 너무 빨리 넘어갈 수도 있고, 또 딴 생각이 들 때도 있다. 그러나 소리 내서 성경을 읽으면 내가 읽으면서 소리가 내 귀에 들리기 때문에 집중하기 더 좋고 말씀에서 더 많은 것을 건져낼 수 있다.

말씀 묵상은 성경을 보는 방식이 다르다. 짧은 본문을 깊게 읽는 것이다. 곱씹어서 한 단어, 한 단어씩 천천히 생각하며 읽는다. 켄 시게마츠 목사님은 삶으로 소화될 때까지 말씀을 읽으라고 했다. 말씀을 조금 더 천천히, 깊이 생각하면서, 글로 쓰면서 읽고 묵상하고 적용하는 것이다.

상상력을 동원할 필요도 있다. 예수님이 우물가의 여인을 만나셨는데, '아, 그 우물은 어떻게 생겼을까? 그때가 가장 뜨거운 시간이니까 얼마나 더웠을까? 그 여인의 마음은 어땠을까? 예수님은 어땠을까?'라고 그 시대적 상황을 떠올리며 상상해보면서 묵상하는 것이다. 말씀을 구절로도 묵상하고, 단어를 마음에 품고 깊이 생각해보기도 한다.

깊은 묵상을 위해선 말씀 암송도 필요하다. 12세기의 윌리엄 티엘이라는 사제는 읽은 말씀 중 일부를 매일 기억이라는 위에서 소화해야 한다고 말했다. 그리고 그것을 되새김하여 수시로 꺼내야 한다고 했다. 이분이 주장하는 핵심은, 말씀을 외우라는 것이다. 소가 풀을 먹고 계속 되새김질하는 것처럼, 말씀을 외우고 마음에 넣어서 필요할 때마다 꺼내어 다시 생각하는 것이다.

여러 이유로 감옥에 갇혔던 많은 크리스천 리더들은 대개 비슷한 고백을 한다. 감옥에서 극심한 핍박 가운데 있는 동안,

성경도 볼 수 없는 환경에서 "내가 외웠던 말씀이 나를 지켜주었다"라는 고백이다. 극한 상황에서 마음에 새겨진 말씀이 우리를 살린다. 그러니 평소에 말씀을 많이 암송해두는 것은 정말 중요한 일이다.

시편이나 잠언 중에서 짧은 장들은 통째로 외워라. 인생의 어둠을 만날 때 아주 큰 도움이 될 것이다. 기독교 서점에 가면 말씀암송카드도 아주 많다. 하나 준비해서 가지고 다니면서 틈틈이 암송하라.

세상에 살면서도 하나님의 사람답게 살기 위해선 무조건 하나님의 말씀을 읽고, 묵상하고, 암송해야 한다. 유튜브 설교를 많이 듣는다고 신앙이 깊어지는 것이 아니다. 교회에서 봉사 많이 한다고 신앙생활 잘하는 것도 아니다. 신앙생활은 오직 하나님의 말씀을 붙잡고 사는 것이다.

말씀을 읽기 위해 시간을 확보하라

가끔 교회에 열심히 다니는 성도 중에 기도는 많이 하는데 성경은 거의 읽지 않는 사람이 있다. 매우 위험하다. 반드시 말씀을 읽는 시간을 확보해야 한다. 말씀을 읽는 게 그렇게 쉽게 되는 일이 아니다. 시간을 확보하고 그 시간을 지켜야 한다. 의지적으로 말씀생활을 우선순위에 둘 때 가능하다.

자신의 하루 일과 중 말씀을 읽는 것이 우선순위에서 밀린다면, 운동이나 넷플릭스로 드라마 찾아보는 시간보다 밀린다면, 정말 하나님을 사랑한다고 말할 수 있을까?

누군가를 사랑하면 그 사람에 대해서 사소한 것까지도 다 알고 싶기 마련이다. 하루 종일 그 사람에 대해 생각할 것이다.

'저 사람은 무얼 좋아할까? 지금 뭐하고 있을까?'

정말 하나님을 사랑한다면, 하나님께 우리의 마음이 있다면, 하나님의 말씀에 관심을 기울이고 그 말씀을 붙잡는 것이 당연하다.

기본적인 것인데 너무 많이 놓치고 산다. 물론 성경을 안 읽는 사람들에게도 핑계는 있다. 일단 성경책이 두껍다. 창세기 펼쳐놓으면 '이걸 언제 다 읽나' 막막하다. 읽긴 읽어야겠는데 부담만 된다.

그런데 하나씩 보면 짧은 성경도 많다. 신약의 갈라디아서나 에베소서 같은 성경은 여섯 장밖에 되지 않는다. 이런 것부터 읽어도 된다. 어디부터 읽는지가 중요한 것이 아니라, 어디를 읽든 성경을 읽고 묵상하고 붙잡는 것이 중요하다.

타협하면 안 된다. 시간을 확보하라. 많은 성도들이 유튜브로 유명한 목사님들의 설교를 찾아 들으며 자신이 말씀 중심으로 사는 줄로 착각한다. 하지만 삶으로 옮겨지지 않는 정보들은 힘이 없다.

말씀을 읽는 시간은 하나님과 일대일로 만나는 시간이다. 잠깐 열심을 내어 성경을 한 시간, 백 시간 읽어도 당장 눈에 띄는 큰 변화는 없을 수 있다. 하지만 그 시간들이 1년이 되고 2년이 되고 10년이 되면, 성경을 읽은 사람과 읽지 않은 사람의 신앙생활은 결코 같을 수 없다.

성경책을 넘기는 종이 소리가
우리의 영혼을 살리는 소리다.

성경말씀을 향한 갈망 없이 예배가 지속적으로 뜨겁게 드려지기 어렵다. 설교만 많이 듣는다고 되는 일이 아니다. 우리가 직접 하나님의 말씀을 읽고, 묵상하고, 깊이 새겨서 하나님의 말씀을 붙잡고 살아야 한다.

하나님의 말씀을 붙잡는 것은 어느 누구도 대신 해줄 수 없다. 옆에서 아무리 밥을 먹어야 한다고, 좋은 음식을 먹어야 한다고 조언하고 음식을 차려서 갖다주어도 정작 그 사람이 먹지 않으면 아무 소용이 없는 것처럼, 옆에서 아무리 말씀을 먹어야 한다고, 영의 양식을 먹어야 한다고 은혜롭고 감명 깊은 설교를 전해도 그 사람이 하나님의 말씀을 먹지 않으면 소용이 없다. 예배를 간절하게 드리는 사람은 평소에 말씀을 읽는 사람이다.

어떻게 하면 말씀을 규칙적으로, 꾸준히 읽을 수 있을까? 계획을 세우라. 분명한 시간과 장소를 택하라.

'말씀 묵상은 매일 밤 잠자리에 들기 전에 하겠다'라거나 '성경 통독은 지하철에서 하겠다'처럼 분명한 시간과 장소를 계획하는 것이다. 매일 우선순위를 바로 세워서 말씀을 읽고, 읽은 말씀대로 살아가는 영적 질서를 세워나가자.

크리스천에게 성경은 아무런 첨가물도 없는 건강한 유기농 음식이다. 좋은 것을 먹지 않으면 입맛에 당기는 대로 아무거나 먹게 되어 있다.

건강한 공동체에서 하나님을 뜨겁게 예배하면서 매일 하나님의 말씀을 읽으며 유기농 음식으로 영적 건강을 챙기며 살아가자. 우리가 말씀을 붙들 때, 말씀이 우리를 붙잡아준다.

그러니 말씀에 시간을 투자하라. 하지 말아야 할 일들, 하지 않아도 되는 일들, 조금 줄여도 되는 일들을 정리하여 하나님의 말씀을 읽는 시간을 확보하라. 그래서 말씀 중심의 인생들이 다 펼쳐지기를 바란다.

1 ── 내 장례식이 영적 부흥회가 될 수 있을까? 눈을 감고 그날의 풍경을 그려보자.

2 ── 나의 현재 말씀 읽기와 묵상 시간을 기록해본다. 내가 무엇에 시간을 사용하는지에 내 삶의 우선순위가 보인다.

3 ── 말씀 생활을 위해 가지치기해야 하는 스케줄을 정리해본다. 버려야 할 시간, 줄여야 할 시간을 정리해서 말씀을 위한 시간을 확보한다.

4 ── 성경 통독을 결단하라. 그리고 성경 통독을 위해 하나님께 기도하라.

5 ── 말씀 묵상을 기록할 노트를 준비한다.

주님은 대화를 원하신다

여호와께서 내 음성과 내 간구를 들으시므로 내가 그를 사랑하는도다
그의 귀를 내게 기울이셨으므로 내가 평생에 기도하리로다
사망의 줄이 나를 두르고 스올의 고통이 내게 이르므로
내가 환난과 슬픔을 만났을 때에 내가 여호와의 이름으로 기도하기를
여호와여 주께 구하오니 내 영혼을 건지소서 하였도다

시 116:1-4

기도는 영의 운동

말씀이 영의 음식이라면, 하나님과의 친밀한 기도는 영의 운동이다. 우리는 좋은 음식을 잘 먹어야 한다. 앞에서 살펴보았듯이 좋은 것을 먹지 않으면 아무거나 먹게 된다.

그런데 아무리 좋은 음식이라도 먹기만 하면 안 된다. 운동을 해야 한다. 운동은 전혀 하지 않는 채 좋은 음식이라고 잔뜩 먹기만 하면 건강해지기는커녕 오히려 건강을 잃어버리고 말 것이다.

마찬가지로 영적으로도 먹는 것으로만 끝나면 영적인 건강을 지킬 수 없다. 영적인 운동을 해야 하는데, 영적인 운동이 바로 기도이다.

많은 성도들이 기도를 어렵게 생각한다. 밥을 먹을 때마다 식사 기도는 습관처럼 하지만, 정말 깊이 있는 기도를 해야 한다는 것에 대해선 상당한 부담감을 가지고 있다. '기도는 어렵다'는 생각 때문에 기도와 자꾸 더 거리가 생긴다.

어떤 사람을 알아가거나 관계를 쌓을 때 시간 투자가 필요한 것처럼, 기도에도 상당한 시간의 투자가 필요하다. 시간의 투자 없이 '기도를 하겠다'는 것은 어불성설이다.

따라서 계속해서 강조하는 것이지만, 기도하기 위해서는 하나님 중심의 시간 관리를 통해 기도의 시간을 확보해야 한다. 버려야 하는 시간, 쓸데없는 시간을 차단해야 한다. 건전하고 유용한 취미생활이나 건강을 위한 운동이라 할지라도 지나치게 많은 시간을 투자하지 말고 영적인 일을 위한 시간을 확보하는 시간 관리가 필요하다. 하나님을 깊이 알아가는 여정은 시간 확보가 매우 중요하기 때문이다.

매 순간, 기도하라

그렇다면 언제 기도해야 하는가?

많은 이들이 묻는 질문이다. 이 질문에 대한 대답은 "언제나 기도해야 한다"이다. 주님은 우리에게 "쉬지 말고 기도하라"라고 말씀하셨다. 이 말씀의 뜻은 '인생이 기도'라는 것이다. 무릎 꿇고 앉아서 하는 기도를 매 순간 할 수는 없다. 그러나 우리의 호흡과 생각도 주님께 드리는 기도로 드려져야 한다. 그래서 날마다, 매 순간 주님께 나아가는 삶을 살아야 한다.

교회가 세상 안으로 들어가는 것은 사명이다. 그러나 세상이 교회 안으로 들어오면 망한다. 교회는 세상 안으로 들어가야 한다. 교회가, 다시 말해 크리스천 한 사람 한 사람이 세상으로 들어가서 빛과 소금의 역할을 감당해야 하는데, 그때 기도가 핵심이다. 세상 속에서 우리는 하나님과 끊임없는 대화로 기도해야 한다. 하나님이 원하시는 기도가 바로 이런 기도이다.

출근할 때도 "하나님, 오늘 날씨가 좋습니다"라고 말씀드리고, "하나님, 이것은 어떻게 할까요?"라거나 "하나님, 이렇게 해주셔서 감사합니다"라고 기도한다. 이런 기도들을 계속 이어가는 것이다. 하나님과 끊임없이 대화하는 기도다.

아이를 키워본 분들이라면 다 공감할 텐데, 아이가 태어나면 엄마는 아무것도 못 한다. 아이에게 필요한 것을 하나부터 열까지 다 해주어야 하기 때문이다. 젖병도 제 힘으로 못 잡아서 우유를 먹일 때마다 잡아주어야 하는데, 어느 순간 두 손으로 젖병을 딱 잡는 순간이 온다. 그때만 되어도 조금 살 것 같고 편해진다.

하지만 아기의 요구는 거기서 끝이 아니다. 점점 커갈수록 아이는 엄마를 부르며 졸졸 따라다닌다. 엄마가 잠깐만 눈앞에 안 보여도 운다. 그럴 때면 어서 빨리 이 아이가 컸으면 좋겠다고 생각하지만, 조금만 더 커봐라. 어느새 엄마가 외출하는 것을 좋아하고 늦게 들어오라고 하는 나이가 된다. 그 때가 되면 엄마는 오히려 섭섭하다. 엄마가 가장 좋을 때는 아이가 절대적으로 엄마를 의지할 때다. 그때가 육신적으로는 가장 힘들지 몰라도 아기를 키우면서 느끼는 기쁨도 가장 클 때이다.

하나님과의 관계도 그런 것 같다. 우리가 절대적으로 하나님의 품을 의지할 때, 하나님은 기뻐하신다. 조목조목 하나님께 여쭙고 하나님이 원하시는 것을 바라고 살아가는 것이 우리가 세워야 할 영적 질서다.

'이 정도는 제가 알아서 할 수 있어요' 하고는 스스로 해결하고 큰 문제들만 하나님께 집중해서 기도하는 것이 아니라 아주 작은 문제들, 아주 사소한 감정까지도 하나님께 아뢰고 여쭤보며 기도하는 것이 중요하다. 그렇게 매 순간 기도로 나아가는 것이 우리가 살아야 할 기도의 삶이다.

시간을 정하여, 기도하라

그러나 하나님 앞에 잠시 여쭙기만 해서는 기도가 강력해질 수 없다. 기도가 강력해지려면 집중해서 기도해야 한다. 집중적으로 기도하려면 정해진 시간과 장소가 중요하다.

성도의 집에 심방을 가면 "여기가 제가 기도하는 자리예요"라고 소개해주는 분들이 종종 있다. 옷장 같은 데 들어가서 기도하는 분도 있고, 작은방을 기도방으로 꾸며놓은 분도 있다. 집에 나의 기도 장소가 있어야 한다.

아침에 일어나자마자 침대 옆에서 기도한다든지, 가족들이 모두 출근하고 홀로 있는 시간에 식탁에 앉아서 기도를 한다든지 기도의 장소와 시간이 확보되어 있어야 한다. 교회에 개인 기도실이 마련되어 있다면 정해진 시간에 교회에 가서 기도하는 것도 좋다. 어디에서든 때와 장소를 정해서 기도할 수 있는 곳을 확보하라.

특히 누군가를 위해 기도하는 중보기도를 적극적으로 해야 한다. 그렇게 시간과 장소를 따로 정하여 집중해서 기도할 때, 나의 필요를 아뢸 뿐만 아니라 다른 사람들을 위해 기도할 때 우리의 기도가 강력해진다.

하나님 앞에 나아가는 것이 중요하다

시편 116편 1,2절을 보면, 하나님은 우리의 간구에 귀를 기울이고 계신다고 말씀하신다.

여호와께서 내 음성과 내 간구를 들으시므로 내가 그를 사랑하는도다 그의 귀를 내게 기울이셨으므로 내가 평생에 기도하리로다 시 116:1,2

주님은 우리의 생각과 마음을 다 아신다. 다 아시는데도 우리의 입술을 통해서 듣고 싶어 하신다.

자녀에게 무엇이 필요한지 부모가 알아도, 자녀가 자신의 필요를 터놓고 이야기할 때 관계가 더 깊어지는 것처럼 하나님은 우리의 음성과 생각을 듣고 싶어 하신다. 기도는 우리에게 귀를 기울이고 계시는 하나님 앞에서 하는 대화다.

너희가 아들이므로 하나님이 그 아들의 영을 우리 마음 가운데 보내사 아빠 아버지라 부르게 하셨느니라 갈 4:6

하나님은 우리의 아빠 아버지시다. 기도의 자세, 기도의 형식이 중요한 것이 아니라 아빠이신 하나님께 나아가 기도하는 것이 너무나도 중요하다.

아버지와 아들 사이에도 너무 격식을 차리고 예의 바른 언어만 사용하는 것이 꼭 좋은 관계가 아니다. 기도도 마찬가지다. 기도를 어떻게 해야 하는지, 기도할 때 어떤 단어를 써야 하는지, 어떤 순서로 기도해야 하는지가 중요한 것이 아니라 하나님과 대화하는 것이 중요하다.

억울하면 억울한 대로, 기쁘면 기쁜 대로, 슬프면 슬픈 대로, 감사하면 감사한 대로 하나님 앞에 나아가 아뢰고 물어보라. "하나님, 너무 억울해요. 너무 힘들어요" 또는 "하나님, 정말 감사해요. 제가 이런 이런 일 때문에 지금 너무 기뻐요" 하면서 솔직한 모습 그대로 나아가는 것이 중요하다.

성령께서 기도를 이끄신다

그런데 정말 어렵고 힘들 때는 말이 안 나온다. 그럴 때는 어떻게 해야 할까?

이와 같이 성령도 우리의 연약함을 도우시나니 우리는 마땅히 기도할 바를 알지 못하나 오직 성령이 말할 수 없는 탄식으로 우리를 위하여 친구 간구하시느니라 롬 8:26

우리가 너무 힘들어 말하지 못하고 눈물만 흘리며 침묵 가운데 기도가 이어지지 않을 때도 우리의 연약함을 도우시는 성령께서 말할 수 없는 탄식으로 기도를 이어가신다. 내가 아무 말 안 해도, 어떤 언어로 하나님께 표현하지 않아도 그저 하나님 앞에 무릎 꿇고 기도하면 성령께서 내 안에서 탄식하심으로 기도하게 해주신다.

성령께서 기도를 주장하신다. 성령께서 우리 안에 탄식하심으로 함께하신다. 성령이 우리 안에 계시기에 우리는 성령의 충만함으로 하나님 앞에 나아갈 수 있다.

기도는 말을 잘하고 훌륭한 언어로 하나님을 기쁘시게 하는 것이 아니라 마음의 중심으로 하나님 앞에 나아가는 것이다. 그냥 "주님!" 하고 부르기만 해도 성령님이 우리 안에 계셔서 탄식하심으로 역사하셔서 그 기도가 이어진다. 말씀을 붙잡는 것과 기도가 세워지는 것은 영적 질서에서 가장 중요한 부분이라 하겠다.

기도 시간을 확보하지 않으면 기도하지 못한다

기도를 너무 어렵게만 생각해서 선뜻 기도의 자리에 나아가지 못하는 것도 문제지만, 반대로 기도를 너무 쉽게 생각하는 것도 문제다. 말로는 "기도해야지. 기도해야 한다"라고 하지만 기도의 시간은 확보하지 않고 언제든 할 수 있을 거라고 여기며 매일 그냥 흘러가 버린다. 이는 기도는 언제든, 얼마든지 할 수 있다고 생각하여 기도를 위한 특별한 시간과 장소를 확보하지 않았기 때문에 벌어지는 일이다.

기도를 어렵게만 생각하여 시도조차 하지 못하는 것보다 더 나쁜 것이 기도를 너무 가볍게 생각하여 기도를 위한 시간을 확보하지 않고 내키는 대로 시간을 보내는 것이다. 일부러 기도하는 시간을 확보하지 않으면 우리의 기도는 힘을 얻지 못한다.

매일의 시간표에서 기도하는 시간을 확보하고 매 순간순간 하나님 앞에 여쭙고 찬양하고 감사하며 하나님과 대화가 끊어지지 않도록 하자. 그렇게 집중하여 기도하고 일상에서 무시로 기도할 때 우리는 하나님 앞에 더 친밀하게 나아갈 수 있으며, 영적으로 건강해질 수 있다.

언제, 어떻게 기도하면 좋을까?

각자 자신의 시간에서 가장 기도하기에 좋은 시간과 장소를 정하여 기도하면 된다. 하지만 몇 가지 적용해보면 좋은 기도의 시간과 방법을 제시해보려고 한다.

산책할 때 찬양을 들으며 하나님을 묵상하거나 기도하며 걷는 것은 하나님과 함께하는 무척 좋은 방법이다. 따로 기도만을 위한 시간을 확보하기 힘들 때, 가벼운 산책을 하며 하나님께 기도하면 운동도 하고 기도도 할 수 있다. 북한에서 투옥되어 고생하시다가 석방되신 임형수 목사님은 매일 3만 보 이상 걸으면서 그 시간에 기도하신다고 한다.

운전하는 시간은 찬양을 들으며 소리 내어 하나님께 기도하기 좋은 시간이다. 홀로 운전하는 자동차 안은 누구의 방해도 받지 않고 기도할 수 있는 좋은 장소 중 하나이다. 출근하면서 하루를 주님께 맡기며 기도할 수 있고, 퇴근하며 하루를 마무리할 수 있게 하신 주님께 감사의 고백을 올려드릴 수 있다.

기도는 시간을 내기에 가장 편안하고 좋은 시간에 하는 것이 좋다. 아침이든 밤이든 상관없다. 큐티는 아침 시간에 하는 것이 좋다. 그래야 하나님이 주신 말씀을 붙들고 하루를 살 수 있기 때문이다. 하지만 기도는 영적으로 상태가 가장 좋고 또 시간을 편안하게 충분히 낼 수 있을 때 하는 것이 좋다. 그래야 기도에 집중할 수 있기 때문이다.

기독교 작가 고든 스미스는 "아침에 가장 먼저 기도하는 것보다도 더 좋은 원칙은 하루 중 가장 좋은 시간을 드리는 것이다"라고 말했다. 아침에 일어나자마자 바로 기도하든, 잠자리에 들기 전 기도하든 상관없다. 언제가 됐든 가장 좋은 때로 하나님 앞에 기도로 나아가는 시간을 반드시 확보하라.

기도의 자세와 태도

집중 기도를 할 때는 무엇보다 자세와 태도가 중요하다. 물론 우리는 누워서도 하나님과 대화를 나눌 수 있다. 그러나 하나님 앞에 집중적으로 기도할 때는 바른 자세와 태도를 갖춰야 한다.

무릎을 꿇든지, 아니면 똑바로 앉아서 기도한다. 집중하여 기도하는 것은 쉽지 않다. 깊은 기도의 세계로 들어가는 데에는 상당한 시간과 노력이 필요하다.

C. S. 루이스의 《스크루테이프의 편지》라는 책이 있다. 경험 많은 고참 악마 스크루테이프가 자신의 조카이자 신참 마귀인 웜우드에게 인간을 유혹하는 방법을 가르쳐주는 편지글로 구성된 책이다. 그 책에 "최소한 인간들의 몸의 자세가 기도에 아무런 영향을 미치지 않는다고 믿게 만들어라"라는 내용이 있다.

많은 이들이 마음이 중요하지 태도는 별로 중요하지 않다고 생각하는데, 아니다. 태도가 얼마나 중요한지 모른다. 고참 악마 스크루테이프는 "초신자가 이런 생각을 할 경우(규칙에 얽매이지 않고 마음에서 우러나오는 기도를 하겠다는 생각), 사실은 의지와 지성을 집중시키지 않은 채 막연하게 경건한 기분만 만들어내려고 애쓰는 꼴이 되는데" 인간들은 그걸 모른다고 냉소한다. 집중하는 기도는 태도가 아주 중요하다. 하나님 앞에 똑바로 나아가야 한다. 하나님 앞에 기도할 때 간절함이 태도로 나타나야 한다.

기도의 순서

기도의 순서가 아주 중요한 것은 아니지만, 주로 많이 가르치는 방법은 'ACTS'이다. 기도가 어렵게만 느껴진다면 이 순서에 따라 기도해보면 도움이 될 것이다.

Adoration(경배)

첫 번째는 경배하는 것이다. 하나님을 찬양하는 것이다. "하나님 감사합니다"라고 시작하는 게 아니라 나를 창조하신 하나님을 찬양한다. 오늘도 역사하시는 하나님을 찬양한다. 하나님을 찬양하며 경배하는 기도를 2,3분만 해도 가슴이 뜨거워진다.

Confession(회개)

두 번째는 회개다. 크신 하나님을 경배하고 찬양한 후에는 자신의 죄를 회개한다. 구체적으로 죄를 고백하며 회개한다.

Thanksgiving(감사)

세 번째는 감사다. 회개의 고백을 들어주시고 미쁘시고 의로우셔서 용서해주시는 하나님 앞에 감사한다. 감사의 고백을 주님께 올려드릴 때 내게 닥친 많은 일들이 감사로 전환되는 은혜를 체험하게 된다.

Supplication(간구)

경배, 회개, 감사에 이어 간구하는 시간을 갖는다. 많은 기도의 제목을 마음껏 아뢰는 것이다. 그러나 나의 뜻이 아니라 하나님의 뜻이 이루어지길 진심으로 간구한다.

침묵

여기에 하나를 더한다면 침묵하며 하나님의 음성을 기다리는 시간을 갖는 것이다.

하나님께 기도할 때마다 기도를 마치고 바로 일어나지 말고 "하나님, 저에게 말씀해주세요. 저에게 원하시는 게 뭐예요?"라고 고백하라. 그리고 잠시 침묵하며 기다려보라.

하나님이 갑자기 초자연적인 음성으로 "얘야, 내가 원하는 것은…" 하며 말씀하지 않으셔도 마음속에 잠잠히 감동을 주시거나 깨달음을 주신다. 그 시간이 중요하다.

내 간구만 아뢰고 끝내는 것이 아니라 하나님의 음성을 기다리는 침묵의 시간이 기도 안에 꼭 포함되어야 한다. 그래야 하나님이 말씀하시는 살아 있는 영적 생활을 누리게 된다.

5분 기도부터 시작하라

하나님의 말씀을 듣고 읽는 것은 하나님의 음식을 먹는 것이다. 하나님 앞에 기도하는 것은 영적인 운동이다. 건강을 위해선 좋은 음식을 먹는 것과 더불어 적절한 운동이 반드시 필요하다.

그런데 운동 안 하던 사람이 갑자기 무리한 운동을 하면 당장은 몸이 너무 아파서 드러눕기도 하고 다치기도 쉽다. 기도도 한꺼번에 좋아지지 않는다. 기도해야겠다고 결단하고 '오늘부터 한 시간씩 기도해야지' 아무리 마음먹어도 첫날 실패할 확률이 높다.

내 주변 사람들을 훑고 전 세계를 위해 기도해도 7분만 지나가면 절망한다. 하지만 괜찮다. 5분부터 시작하면 된다. 5분이 10분 되고, 15분 되고, 20분 된다. 그렇게 꾸준히 기도를 해나가면 평생 기도의 사람이 된다.

운동을 꾸준히 하면 근육이 붙고, 근육이 붙기 시작하면 체력이 더 좋아져서 운동을 더 오래 더 잘할 수 있게 되는 것처럼 영적 운동인 기도를 더 잘할 수 있기 위해서는 기도의 시간을 충분히 가져서 영적 근육을 키워야 한다.

기도 시간은 한꺼번에 갑자기 늘어나지 않는다. 한 번 은혜 받았다고 하루아침에 매일 한 시간씩 두 시간씩 기도하는 사람이 되는 게 아니다. 지속적인 기도가 기도의 깊이와 힘을 키운다.

시작하자.
기도의 사람으로 세워지길 기도하자.
기도는 일상을 거룩하게 한다.

우리가 기도하면 일상이 그냥 지나가는 시간이 아니라 거룩한 시간으로 변화된다. 일상이 거룩하게 되고, 삶이 구체적으로 거룩하고 온전하게 변화된다. 그럴 때 흔들리고 어그러진 세상에서 빛으로 살 수 있다.

개인의 기도가 쌓이고 쌓여 그 기도가 공동체를 살리는 시작이 되길 기도하자. 그래서 세상이 교회를 걱정해주는 이 시대에 하나님 앞에 온전히 서서 하나님께서 쓰시는 공동체가 되기를 기도하자. 먼저 내가 살아나게 해달라고 기도하자. 내가 살아야 공동체도 살린다.

하나님을 믿는 모든 사람이 영적 운동인 기도를 게을리하지 않기를, 그래서 건강한 믿음을 가지고 혼란한 세상을 밝히는 진짜 크리스천으로 살아가게 되기를 바란다.

1 ── 기도는 영적 운동이다. 애써서 기도하여 영적인 근육을 키워야 한다. 매일 5분만이라도 기도하기로 작정하고 오늘부터 시작하라.

2 ── 집중 기도를 하기 위해서는 우선순위에 두고 시간을 확보해야 한다. 기도의 생활을 위해 시간과 장소를 정해보라.

3 ── 정말 힘이 들 때 사람을 찾지 않고 하나님께 기도하기로 다짐한다.

4 ── 기도 노트를 기록해보라. 기도 제목을 쓰고 응답 상황을 써본다.

5

우리가
건강해야
내가
안전하다

다윗이 사울에게 말하기를 마치매 요나단의 마음이
다윗의 마음과 하나가 되어 요나단이 그를 자기 생명같이 사랑하니라
그날에 사울은 다윗을 머무르게 하고
그의 아버지의 집으로 다시 돌아가기를 허락하지 아니하였고
요나단은 다윗을 자기 생명같이 사랑하여 더불어 언약을 맺었으며
요나단이 자기가 입었던 겉옷을 벗어 다윗에게 주었고
자기의 군복과 칼과 활과 띠도 그리하였더라
삼상 18:1-4

인간은 관계를 통해 행복을 느낀다

1938년부터 하버드대학에서 시작된 연구가 있다. 인간의 건강과 행복을 증진시키는 핵심을 찾는 연구였다. 하버드대학교의 성인발달연구팀은 미국인 남성 724명의 삶을 두 집단으로 나누어 약 80년간 추적했는데, 한 집단은 1938년에 하버드대학교 2학년에 재학 중인 학생들이었고 두 번째 집단은 보스턴 빈민촌의 소년들이었다.

긴 세월 동안 연구가 계속되면서 연구 대상자들이 사망에 이르기도 하고 연구자들이 죽기도 했는데, 연구팀은 대를 이어서 연구를 계속했다. 연구의 핵심적인 질문은 "당신의 행복은 어디에서 오는가"였다.

그들은 대부분 행복의 가장 근원적인 조건으로 직업적인 성공이나 빛나는 성과나 유명해지는 것이나 돈을 버는 것이 아니라 사람들과의 관계를 꼽았다. 이 연구의 네 번째 책임자는 이렇게 말했다.

"75년간의 연구를 통해 우리가 깨달은 것은, 좋은 인간관계만이 인간을 더 행복하고 건강하게 만든다는 사실입니다."

가족과의 관계, 친구와의 관계, 친지와의 관계, 사회 공동체와의 관계 등 건강한 사회적 관계가 인간을 행복하게 한다는 것이다.

기독교는 공동체로 부르심을 받는다. 하나님께서는 우리 한 사람 한 사람을 예수 그리스도의 제자로 부르셨으며, 우리는 부르심을 받는 동시에 예수 그리스도의 제자로서 모임으로 공동체의 책임을 갖게 된다.

공동체로 하나 되고, 서로 사랑하고, 서로에게 책임을 갖는 것은 아주 중요한 성경적 헌신이다. 우리에게는 예수님의 제자로서의 부르심이 있는 동시에 서로를 사랑하는 공동체로서의 부르심이 있는 것이다. 진정한 친구, 진정한 동역자, 진정한 삶의 지지자를 공동체를 통해서 얻는다.

하나님은 우리에게 힘이 있을 때는 서로 잘해주지만 힘이 없고 이익이 없을 때는 비난하고 배신하는 세상의 논리대로 사는 것이 아니라 서로가 서로의 믿음을 책임져주는 삶을 살아가기를 원하신다. 그저 나만 믿음생활 잘하면 그만인 것이 아니라 내 옆에 있는 사람의 믿음까지도 책임지고 함께 살아가는 것이다.

　교회 갱신 전문가인 하워드 스나이더는 "오늘날 교회의 가장 큰 대적은 세속주의"라고 했다. 세속적인 인본주의는 사람이 주인이 되는 것이다. 교회가 하나님의 뜻을 따르는 대신 사람이 원하는 것을 하면서 스스로 만족하는 것을 볼 때가 있다. 세상이 교회 안으로 들어오면 그 공동체는 세속화된다. 사람이 교회의 주인 되어 세상의 가치로 움직이면, 그것은 더 이상 교회가 아니다.

　교회는 하나님의 공동체이자 유기체다. 살아 있는 곳이다. 공동체는 인격적 중심을 가지고 있으며, 따라서 한 사람의 인격이 굉장히 중요하다. 존중과 배려 없이 공동체는 살아남을 수 없다. 한 사람의 인격을 존중해야 하는 것이 공동체다.

관계가 좋으면 건강하다

　미국 동부 펜실베이니아에 로세토(Roseto)라는 동네가 있다. 로세토는 20세기 초 이탈리아 사람들이 미국으로 이민을 와서 정착한 곳이다. 이탈리아 사람들의 성향이 사교적이기도

했겠지만, 이 마을 사람들은 특별히 서로 굉장히 친했다. 100
미터를 걸어가는 동안 가장 많이 인사해야 했던 동네다.

이 마을이 주목받게 된 계기가 있었다. 1960년대 일부 의사
가 이 지역의 심장병 사망자 수가 현저히 적다는 사실을 발견
한 것이다. 술과 담배를 즐기고 비만인 마을 사람들도 많아 심
장병 발병 위험이 높았는데도 사망자는 적었다.

의사들은 그 원인을 찾기 시작했고, 이 마을을 연구하기 시
작했다. 다른 이탈리아 이민자 마을과 비교해보기도 했다. 두
마을은 모두 같은 물을 마시고, 같은 병원을 이용했는데도 심
장병 사망률의 차이는 뚜렷했다.

또한 이 동네에서 태어나 이 동네에서 계속 산 사람과 이 동
네에서 태어났으나 다른 곳으로 이주한 사람 사이에도 사망률
에 차이가 있었다고 한다.

1964년에 발표된 로세토 마을에 대한 연구 논문의 저자는
뚜렷한 과학적 이유는 찾지 못했지만, 생활하는 삶의 방식을
언급했다. 그들은 서로를 신뢰했으며 서로를 도왔다는 것이
다. 사람은 서로의 관계가 활발하고 건강할 때, 개인의 건강도
지탱된다는 것이다.

로세토 동네를 표징으로, '로세토 효과'라는 용어가 생겨났
다. 공동체가 나를 지켜줄 것이라는 확고한 믿음이 사람들을

건강하게 만든다는 것이다.

교회는 하나님의 집이다. 우리는 하나님의 가족이다. 함께 살아가는 하나님의 가족들이 기도하는 곳이 바로 하나님의 집인 교회다. 원근 각처에서 서로 다른 사람들이 모였지만, 모두 모여 사랑하고 배려하며 살아가는 공동체인 것이다.

우리는 하나님이 만나게 하신 가족이다. 그래서 하나님은 우리가 하나 되기를 원하신다. 공동체는 하나를 추구하고, 사탄은 공동체가 뿔뿔이 흩어지기를 원한다.

교회는 건물이 아니다. 하나님을 믿는 하나님의 사람이 교회이며, 하나님이 그 안에 거하신다. 하나님은 내 안에, 우리 안에, 우리 공동체 안에, 우리의 삶 안에 거하신다.

하나님이 거하시는 곳에 함께하는 사람들의 모임에는 영적인 시너지가 일어난다. 어마어마한 일이다. 하나님의 영이 거하여 계시는 하나님의 사람들의 삶 속에 하나님의 임재가 일어날 때, 그 임재 속에서 하나님이 원하시는 일들이 그들의 공동체 안에서 나타난다.

성도는 공동체로 부르심을 받았다. 교회는 가족이다. 교회는 세상을 비추는 곳이며, 동시에 성도는 서로를 비춰주는 존재다.

내 혀도 내 맘대로 안 되는 사람

어떤 일을 10년 하면 전문가가 된다. 사람이 태어나서 지금까지 가장 많이 한 일 중 하나는 먹는 것이다. 매일매일 꼬박꼬박 식사를 몇 끼씩 하고 간식도 먹는데, 그렇게 오랫동안 해온 일인데도 간혹 내 혀를 씹는다. 생각해보면 정말 놀라운 일이다. 똑같은 일을 수십 년 해도 실수한다. 얼마나 아픈지. 눈물이 찔끔 난다.

우리는 내 혀도 마음대로 안 되는 사람이다. 나 자신도 마음대로 안 될 때가 너무 많고, 또 마음에 안 들 때도 너무 많다. 하물며 다른 사람이야 내 마음에 쏙 들 수 있을까.

대개는 마음에 드는 부분도 있고, 마음에 안 드는 부분도 있기 마련이다. 그것이 정상이다. 내 혀도 내 마음대로 안 되는데 어떻게 다른 사람이 내 마음대로 되겠는가? 그러다 간혹 정말 내 마음에 드는 사람을 만날 때가 있는데, 그 사람은 기적이다. 진짜 감사해야 할 일이다.

서로의 다름과 불편함을 참아주고 맞춰가는 것이 공동체적인 책임이다. 우리가 서로에게 책임진다는 의미는, 상대방이 어려울 때 함께해준다는 것보다 서로의 다름과 나에게 없는 것들을 서로가 용납하고 포용하고 함께 걸어간다는 의미가 크다.

사람은 누구나 장점과 단점, 강점과 약점을 가지고 있다. 그

것을 당연히 여기고 적극적으로 더 서로를 사랑하고 섬기자. 하나님께서 우리를 성도로 부르시고, 교회가 되라고 하셨다. 교회는 개인으로 존재하지 않는다. 예수 그리스도께서 친히 교회의 머리가 되시며, 성도 한 사람 한 사람이 교회의 지체가 되어 한 몸을 이룬다.

만남 자체가 기적이다. 인생은 계획한 대로 흘러가지 않기에 우리의 삶이 울퉁불퉁한 것처럼, 그 인생의 여정 속에서 만난 공동체도 때로는 울퉁불퉁한 길을 지나게 되지만, 그 만남은 내 인생에 찾아와준 기적이기에 사랑하고 섬긴다. 기적적인 만남이기에 그 사람도 내게 기적이다. 기적의 대상인 사람을 바라볼 때마다 귀한 마음으로 바라본다.

내 삶에는 기적이 없다고 말하지 말라.
지금 내 옆에, 내 앞에 있는 사람이 기적이다.

만나는 사람마다, 설령 내 맘에 썩 들지 않는 대상일지라도 '너는 나의 인생에 기적이다'라고 속으로 외쳐보자. 진짜로 그 사람이 내 인생의 기적으로 여겨지는 기적이 일어날 것이다.

하나님은 사람을 통해 사람을 돌보신다

하나님의 말씀은 공동체에 대해서 뭐라고 말씀하시는가?

여호와여 주의 인자하심이 하늘에 있고 주의 진실하심이 공중에
사무쳤으며 주의 의는 하나님의 산들과 같고 주의 심판은 큰 바
다와 같으니이다 여호와여 주는 사람과 짐승을 구하여 주시나이
다 하나님이여 주의 인자하심이 어찌 그리 보배로우신지요 사람
들이 주의 날개 그늘 아래에 피하나이다 그들이 주의 집에 있는
살진 것으로 풍족할 것이라 주께서 주의 복락의 강물을 마시게
하시리이다 진실로 생명의 원천이 주께 있사오니 주의 빛 안에서
우리가 빛을 보리이다 시 36:5-9

하나님이 우리를 돌보시겠다는 말씀이다. 하나님은 우리를
돌보신다. 하나님이 우리를 돌보시는 한 가지 방법은, 우리가
서로를 돌보게 하시는 것이다. 하나님은 사람을 통해서 하나
님의 사람을 돌보신다. 그래서 우리는 서로에게 책임이 있다.

각각 은사를 받은 대로 하나님의 여러 가지 은혜를 맡은 선한 청
지기같이 서로 봉사하라 벧전 4:10

하나님이 우리에게 숙제를 주셨다. 선한 청지기로 사는 것이다. 선한 청지기는 서로를 위해 봉사하고 존중한다. 서로를 섬기고 아낀다. 서로를 섬기는 것은 성경에서 요구하는 하나님의 명령이다. 하나님과 우리를 화목하게 하신 예수 그리스도께서 우리에게 서로 화목할 것을 요구하신다.

건강한 공동체일수록 하나님 앞에서 청지기의 사명으로 서 있는 사람들이 많다. 하나님의 사람은 하나님께서 허락하신 공동체에서 서로에 대한 책임을 갖고 산다.

예배를 드리는 것만으로 책임을 다하는 것이 아니다. 서로를 섬기고, 사랑하고, 서로 안에서 헌신하며, 서로를 귀하게 여기는 것은 매우 중요하다. 하나님께 영광을 돌리기 위하여 함께 모여 예배하는 것과 공동체 구성원들이 서로에게 책임을 지고 화목하는 것은 주님이 교회에 주신 과제이다.

서로 사랑하고 화목하자. 주께서 하나님과 우리 사이를 화목게 하셨듯이 우리도 서로 화목하자.

공동체는 서로에게 책임이 있다.
우리의 기적 같은 만남은
서로에게 책임을 지게 한다.

본질은 지키되 본질이 아닌 것은 포용하자

교회는 본질적인 것에 대해서는 타협할 수 없다. 하나님이 원하시는 것, 하나님이 말씀하시는 것은 우리가 목숨을 걸고서라도 지켜야 한다. 하지만 본질 외의 것은 포용하고 끌어안는 것이 믿음의 성숙함이다.

그런데 오늘날 교회를 보면 많은 경우 본질적으로 잘못된 것으로는 잘 싸우지 않는 것 같다. 본질적인 진리가 잘못되면 다 일어나야 하는데, 모두가 침묵한다. 그런데 아주 작은 일, 사소한 일로는 목숨 걸고 싸운다. 막아야 할 것은 못 막고 아무것도 아닌 것을 가지고는 싸운다. 사탄의 역사다.

교회가 세속화되고 세상의 방식과 사람의 생각이 판을 쳐도 용납한다. 자신의 이득을 챙길 때는 절대 안 싸운다. 하나님의 뜻이라고 말한다. 하지만 서로 간에 견해의 차이 같은 사소한 일에는 조금도 양보하지 않고 싸워 치명적인 상처를 주고받을 때가 있다.

본질이 잘못되면 싸워야 한다. 비성경적이거나 비본질적인 것이 교회 안에 들어온다면, 가만히 있지 마라. 하지만 본질적인 것이 아니라면, 서로 포용하고 용납하라. 그것이 하나님이 원하시는 공동체의 모습이다. 하나님의 공동체는 서로를 섬기고, 서로를 나보다 낮게 여기며, 서로를 포용하고 끌어안고 사랑한다. 사랑은 오래 참는 것이라고 하셨다. 그를 사랑하여 참으라.

시와 찬송과 신령한 노래들로 서로 화답하며 너희의 마음으로 주께 노래하며 찬송하며 범사에 우리 주 예수 그리스도의 이름으로 항상 아버지 하나님께 감사하며 그리스도를 경외함으로 피차 복종하라 엡 5:19-21

피차 섬기고 복종하라. 시와 찬송과 신령한 노래들로 하나님을 찬송함으로 서로 화답하면서. "하나님이 당신을 만드시고 복 주시고 사랑하십니다"라고 말하라. 하나님을 경외함으로 공동체의 구성원을 소중히 여겨야 한다. 하나님을 경외하기 때문에 서로에게 복종할 수 있어야 한다.

교회는 공동체이기 때문에 이 일이 너무나 중요하다. 적극적으로 먼저 사랑하고, 섬기고, 인사하고, 복종하라. 그럴 때 우리는 선한 청지기로서의 사명을 다하는 것이며, 하나님이 기뻐하시는 공동체를 이루어갈 수 있다. 이것이 하나님이 그리스도의 공동체에 원하시는 것이다.

우리가 회복하기 원하고 따르기 원하는 초대교회의 모습은 어땠을까?

날마다 마음을 같이하여 성전에 모이기를 힘쓰고 집에서 떡을 떼며 기쁨과 순전한 마음으로 음식을 먹고 하나님을 찬미하며 또 온 백성에게 칭송을 받으니 주께서 구원 받는 사람을 날마다 더하게 하시니라 행 2:46,47

초대교회 때는 함께 모여서, 함께 먹고, 함께 뛰며, 함께 즐거워했다. 지금은 세속화가 교회 공동체를 위협한다. 세상적인 가치가 교회에 들어오면 공동체는 망한다. 작은 천국이어야 하는 교회에 세상적인 힘이 과시되기 시작할 때, 교회 공동체는 힘을 잃어간다. 본질을 버리면 교회는 망하고 만다. 그러니 직분 때문에, 권력 때문에, 이익 때문에 교회의 본질을 망각하고 공동체를 무너뜨리는 것은 용납될 수 없다.

가끔 어떤 교회 성도들을 보면 예배를 드려도 은혜가 안 되어서 갈급하고 너무 힘들다는 하소연을 한다. 그러다가도 교회에서 직분을 하나 주면 금방 태도가 바뀐다. 본질에서 벗어난 모습이다.

하나님의 말씀 안에 똑바로 서라. 본질이 훼손되는 일이 아

니라면 서로를 용납하고 품으라. 서로가 달라서 어려운 부분
들은 포용과 용납으로 나아가자. 그래서 서로가 하나님을 경
외함으로 귀하게 여기며 사랑하고 섬기자.

기적 같은 만남

다윗과 요나단의 우정은 사실 불가능한 일이었다. 왜냐하면
다윗과 요나단은 친구가 아니라 원수가 되어야 하는 관계였기
때문이다. 요나단이 차지해야 할 왕권인데, 다윗이 하나님의
기름 부음을 받고 등장하지 않았는가? 세상적인 이치로는 원
수가 되지, 친구가 되기 어렵다.

그러나 그들은 서로를 용납하고 사랑하고 정말 아껴줬다.

다윗이 사울에게 말하기를 마치매 요나단의 마음이 다윗의 마음
과 하나가 되어 요나단이 그를 자기 생명같이 사랑하니라 … 요
나단이 자기가 입었던 겉옷을 벗어 다윗에게 주었고 자기의 군복
과 칼과 활과 띠도 그리하였더라 **삼상 18:1,4**

요나단이 자신의 겉옷과 칼과 활과 띠를 주었다는 것은, 자
신의 왕좌를 이양한다는 의미다. 그러니까 요나단은 권력보다

도 다윗을 귀하게 여겼다. 권력 때문에 사람을 죽이고, 아버지도 죽이고, 심지어 아들도 죽이는 세상에서 요나단은 다윗에게 그것을 이양했다.

다윗도 요나단이 불편했을 것이다. 그가 요나단을 만났을 때, 다윗은 이미 하나님의 기름 부으심을 만난 후였다. 다윗이 왕이 되고자 했던 사람은 아니었지만 하나님이 기름 부으셨기 때문에 그에 대한 분명한 의미가 있음을 알고는 있었을 것이다. 그래서 요나단과의 관계가 불편할 수밖에 없었음에도 불구하고 그들은 서로를 그저 하나님의 사랑으로 사랑했고, 나머지 일들은 하나님께 맡겼다.

요나단은 다윗을 그렇게 사랑했고, 다윗은 요나단에게 약속을 했다. 어떤 일이 일어나도 너의 가족들은 책임지겠다고. 그 약속대로 요나단이 죽고 난 후에도 다윗은 그의 가족들을 챙겼다. 그들의 기적 같은 우정은 권력보다 서로를 더 귀하게 여겼고, 사랑했다. 하나님의 사랑으로 하나님의 사람과의 만남을 귀하게 여긴 것이다.

우리의 만남은 기적이다. 기적 같은 만남의 열매는 소중함으로 표현해야 한다. 소중함의 표현이 바로 섬김이다. 섬기고 존중하고 아끼는 것이다.

우리는 하나님이 허락하신 공동체를, 그리고 그 공동체의 한 사람 한 사람을 사랑해야 한다. 사랑은 희생으로 표현된다. 존중은 겸손해야 가능하다. 상대방을 귀하게 여기고 존중하고 사랑하려면 겸손이 필수다. 겸손하지 않으면 존중할 수 없다.

희생 없는 사랑은 존재하지 않는다.
모든 사랑은 희생이다.
모든 존중은 겸손이다.

성경에서 벗어나지 않는 한 포용하고 용납하자. 내 옆에 있는 사람을 용납하자. 그와 나의 만남은 하나님이 허락하신 기적이다.

건강한 관계를 위해 우리가 해야 할 일

소그룹에 참여한다

공동체 생활을 행복하게 하려면 소그룹에 참여해야 한다. 소그룹과 함께 예배 잘 드리고 성경공부 열심히 하는 것도 중요하지만, 만나서 잘 노는 것도 중요하다. 밥 먹고, 커피 마시고, 대화 나누면서 우리의 관계가 더 돈독해지고 서로를 더 잘

이해할 수 있게 된다.

그렇게 놀다가 말로 기분이 상하면 예수님의 사랑으로 용납하고 포용하고 넘어가라. 엄마들은 자녀들의 똥도 예쁘다고 한다. 공동체에서도 서로 사랑하면 넘어갈 수 있다. 참아줄 수 있다. 교회 공동체는 하나님을 사랑하고 경외하듯이 서로를 사랑하는 곳이다. 힘들 때 서로 위로하고, 말씀을 나누고, 삶을 나누며 인생을 함께하고, 얼굴과 얼굴을 마주하는 시간을 많이 갖기 바란다.

교회 사역에 동참한다

건강한 공동체를 만들기 위해 교회의 사역에 동역해야한다. 공동체가 언제 하나가 될까? 공동체는 동역할 때 힘이 난다. 동역을 통해 하나가 되어간다.

그래서 교회에서 사역이 있을 때마다 최선을 다해서 동참해야 한다. 많이, 넘치게 하라는 뜻이 아니다. 내가 자주 강조하는 것이, 교회에서 사역이나 봉사를 많이 한다고 신앙생활을 잘하는 것이 아니란 것이다. 하지만 사역 중 하나는 꼭 참여해야 한다. 함께 하나님의 일을 하며 동역할 때 관계가 더 깊어지고 공동체는 더 힘을 얻는다.

공동체를 위한 중보기도에 힘쓴다

공동체를 위한 중보기도에 힘써야 한다. 공동체를 위해서 기도하고 공동체 구성원을 위하여 기도한다. 공동체와 서로를 위해 책임지는 기도하는 공동체만이 그 공동체의 건강을 지킬 수 있다.

묵상 나눔을 한다

하나님의 말씀을 묵상하고 그 묵상을 나눌 수 있는 영적 파트너를 만들라. 아침에 큐티를 하고 묵상한 말씀이나 받은 말씀을 나눌 사람이 필요하다. 전화해서 그날 묵상을 나누는 파트너를 세우라. 똑같은 말씀으로 큐티를 해도 서로 나누면 더 풍성하다.

이렇게 묵상 나눔 파트너를 세우면 두 가지 장점이 있다.

첫째, 큐티를 안 할 수가 없다. 전화가 오니까 서로 체크가 된다.

둘째, 나누면 배가 된다. 큐티를 한 번 했는데 두 번 한 것처럼 두 배의 은혜가 있다. 공동체 안에서 큐티 친구를 세우자.

먼저 좋은 친구가 된다

무엇보다 먼저 친구가 되자. "좋은 친구를 저에게 붙여주세요"라고 기도하지 말고 먼저 친구가 되어주자. 친구를 보내달라고만 하지 말고 내가 먼저 좋은 친구가 되어 다가가자. 건강한 공동체는 먼저 다가가는 사람이 많다.

돈거래는 하지 않는다

건강한 관계를 위해서 우리가 조심할 것들이 있다. 관계를 깨는 어리석은 일을 하지 않도록 깨어 있어야 한다. 몇 가지 예를 들어보자.

아무리 작은 액수라도 돈거래를 해서는 절대 안 된다. 공동체를 대상으로 장사하는 것도 안 된다. 물론 사업장을 하는 공동체의 일원을 도울 수는 있겠지만, 아예 공동체를 장사의 대상으로 여기는 것은 다른 문제다. 이런 것들은 비본질적인 일들이지만, 자칫 본질을 흔들어 놓을 수 있다.

가끔 밥값이나 커피값이 없어서 교제를 나누는 것이 불편하다고 하는 경우가 있다. 반대로 날마다 자기만 밥을 사야 하느냐고 불만인 경우도 있다. 우리가 늘 먼저 계산해주는 사람이면 좋겠지만, 너무 어려울 때는 옆에 있는 사람이 사주는 것을 잘 먹는 것도 실력이다. 기쁘게 당당하게 잘 얻어먹고, 형편이 풀리면 사면 된다. 너무 힘들게 생각하지 말자.

우리는 공동체니까, 가족이니까 어려울 때는 기대자. 다 어려울 때가 있다. 섬길 수 있을 때 섬기고, 섬김받을 때는 감사히 받자.

건강한 공동체의 사명

건강한 공동체가 이 땅에 왜 필요할까? 공동체를 세우는 일에 왜 애를 써야 하는가? 세상과 대항하기 위해서다. 교회는 세상과 대항해야 한다. 교회는 세상과 섞이면 안 된다. 교회는 세상의 것을 따라가면 안 된다.

이것이 세상과 적대적이어야 한다는 것은 아니다. 본질을 타협해선 안 된다는 뜻이다. 본질은 타협할 수 없다.

세상과 싸우기 위해서는 우리가 건강한 공동체여야 한다. 우리가 하나 되고 건강한 공동체가 되어야 세상과 싸울 수 있다. 우리의 공동체가 안전한 곳이 되어야 세상과 맞서서 대항할 수 있다.

이를 위해 주님이 공동체에 은혜를 주셔야 한다. 함께 누리는 복을 주셔야 한다. 함께 누리는 복이 진짜 축복이다. 나만 누리는 복이 아니라, 같이 누리는 복이 진짜 축복이다. 나 혼자서는 에너지가 다 소진되고 번아웃이 올 때, 포기하고 싶어질 때, 우리의 힘으로 다시 일어서는 곳이 교회다.

요즘 예수님을 믿는 사람들 중에도 점점 더 많은 이들이 모이는 것을 피하고 혼자 있는 것을 더 편하게 생각하는데, 고립은 사탄의 전략이다. 하나님은 우리를 가족으로 부르신다.

건강한 공동체를 세워가기 위해선 반드시 대가를 지불해야 한다. 나를 낮추고 서로를 섬겨야 한다. 본질은 붙잡고 목숨과 같이 지켜야 한다. 비본질적인 일들로 에너지를 소비하지 말고 포용하고 용납하고 서로를 높여주며 아끼고 소중히 여겨 건강하고 안전한 공동체로 세워가자.

우리 한 사람 한 사람이 다 본질에 충실한 건강한 공동체를 세우는 데 쓰임받기를 바란다. 공동체가 안전할 때 개인도 안전하다. 우리가 건강할 때 나도 건강할 수 있다. 세상에 대항하는 교회가 되자. 진짜 교회는 작은 천국이다.

1 ── 사람은 누구나 좋은 친구가 생기기를 원한다. 당신이 먼저 좋은 친구로 다가와주기를 기다리는 사람은 누가 있을지 생각해보자.

2 ── 공동체의 사명은 함께하는 것이다. 함께하기 위하여 섬김과 희생이 따르는데 나는 어떤 섬김과 희생을 준비하고 있는지 생각해보자.

3 ── 공동체는 서로가 서로에 대한 책임을 진다. 서로를 돌보고 사랑하기 위하여 어떤 부분을 준비해야 하는지 생각해보자.

4 ── 가장 좋은 친구는 어떤 친구인가? 그런 친구가 되기 위해 나는 어떤 부분을 채워가야 하는가?

6

쉼,
잘 노는 것이
영적인
것이다

천지와 만물이 다 이루어지니라 하나님이 그가 하시던 일을
일곱째 날에 마치시니 그가 하시던 모든 일을 그치고 일곱째 날에
안식하시니라 하나님이 그 일곱째 날을 복되게 하사 거룩하게 하셨으니
이는 하나님이 그 창조하시며 만드시던 모든 일을 마치시고
그 날에 안식하셨음이니라

창 2:1-3

일상을 멈추고 쉬다

나는 쉬는 시간을 아까워하는 사람이다. 1년에 쉬는 날은 추석과 설날이면 충분하다고 여기며 사는 사람이라, '쉼'에 대한 중심을 잡는 게 쉽지 않았다.

그렇기에 더더욱 성경을 보면서 하나님이 원하시는 쉼이란 무엇인지, 내 삶에 진정한 쉼과 안식이 얼마나 있는지 깊이 고민하고 묵상할 수밖에 없었다.

캘리포니아의 의학박사이자 정신과 의사이며 미국놀이연구소의 창설자인 스튜어트 브라운 박사는 우리 삶의 좋은 놀이와 쉼이 뇌에 영향을 주는데, 특히 감정과 실행 결정에 매우 좋은 영향을 준다고 말한다. 감정 기복이 많은 사람이나 무언가를 쉽사리 결정 못 하는 사람들은 충분히 쉬는 것이 도움이 된다는 말이다.

안식, 평안, 쉼은 성경에서 많이 등장한다. 사실 평안이나 평강 같은 단어들은 세상에서 듣기 힘든 단어들인데, 우리는 마음에 평강을 주시는 하나님을 말씀 속에서 만난다.

성경에서 평안이나 평강 만큼 자주 등장하는 단어가 '안식'이다. 그중에서 안식이 구체적으로 어떤 의미인지를 알게 해주는 말씀을 보자.

> 여호와께서 이스라엘의 조상들에게 맹세하사
> 주리라 하신 온 땅을 이와 같이
> 이스라엘에게 다 주셨으므로
> 그들이 그것을 차지하여 거기에 거주하였으니
> 여호와께서 그들의 주위에 안식을 주셨으되
> 그 조상들에게 맹세하신 대로 하셨으므로
> 그들의 모든 원수들 중에
> 그들과 맞선 자가 하나도 없었으니
> 이는 여호와께서 그들의 모든 원수들을
> 그들의 손에 넘겨주셨음이니라 수 21:43,44

하나님께서 이스라엘 백성에게 약속하신 땅을 주시고 적들을 해결하셨다. 가장 좋은 안식은 인생에 맞닥뜨린 적과의 문제가 해결될 때다. 해결해야 할 문제들이 해결되지 않는 이상 완벽한 안식이 있기는 어렵다. 인생의 문제가 해결되고 하나님의 약속이 충족될 때 비로소 안식이 가능하다. 문제 해결이 안식의 근원이다. '안식한다, 쉰다'의 가장 주된 모습은 지금까지 하고 있던 어떤 행동을 그치는 것이다. 행동을 멈추고 쉬는 것이다.

일상을 멈추는 것이 안식의 시작이다. 행동이 계속되면 안식이 아니다. 행동이 그치고 쉼의 시간이 시작되어야 한다.

따라서 쉼이 있으려면 '일을 하고 있음'이 전제되어야 한다. 평소 아무 일도 안 하고 빈둥거리기만 하고 있다면 아무리 쉬고 있어도 진정한 쉼을 누릴 수가 없다. 우리가 진정한 쉼을 누리기 위해서는 우리에게 주어진 일들을 사명감을 가지고 열심히 하는 것이 필요하다. 그럴 때 그 일상을 멈추고 쉬는 것이 우리에게 진정한 쉼이 된다.

안식은 하나님의 선물이다

성경은 또한 경건한 자에게 하나님이 주시는 선물이 쉼과 안식이라고 말한다. 경건한 자에게 주시는 것이 안식이다. 따라서 하나님과의 관계가 온전치 않으면 안식이 있을 수 없다.

하나님과의 관계가 회복되고 온전해질 때, 안식이 시작된다. 하나님이 만져주실 때 안식이 가능하다.

우리는 창세기 2장에서 첫 번째 안식을 볼 수 있다. 바로 하나님의 안식이다.

하나님이 그가 하시던 일을
일곱째 날에 마치시니
그가 하시던 모든 일을 그치고
일곱째 날에 안식하시니라 **창 2:2**

우리는 보통 천지창조가 엿새 동안 이루어지고, 칠 일째 되는 날에는 하나님이 그냥 쉬셨다고 생각하는데, 그날 하나님이 하신 일이 있다.

"하나님이 그가 하시던 일을 일곱째 날에 마치시니."

사실 이 번역은 좋은 번역이 아니다. 히브리어 원어를 보면 창세기 2장 1절의 "천지와 만물이 다 이루어지니라"에서 '이루어지다'란 단어와 2절의 '마치다'라는 단어가 똑같다. 즉 '일곱째 날에 마치시다'라는 표현보다 '일곱째 날에 완성하시다'라는 표현이 더 정확한 번역이다.

천지창조는 칠 일 동안 완성되었다. 하나님은 천지창조를 엿

새째 되는 날이 아닌 일곱째 되는 날에 완성하셨다. 일곱째 날에 모든 일을 완성하시면서 그날에 안식하셨다.

안식 – 하나님과 함께하는 것

하나님은 매일 창조가 끝날 때마다 보시기에 좋았다고 하셨다. 여섯째 날에는 "하나님이 지으신 그 모든 것을 보시니 보시기에 심히 좋았더라"(창 1:31)라고 하셨다. 하나님은 창조하시고 그 후에 보셨으며, 좋아하셨다.

하나님의 창조물을 보면 회복된다. 하나님의 창조물을 통해 회복이 온다. 회복될 뿐만 아니라 하나님의 창조물을 통해 새롭게 된다. 하나님이 창조하신 자연을 통해 하나님이 주시는 메시지를 받을 때가 종종 있지 않은가? 우리는 하나님의 창조물을 통해 하나님 앞에 나아갈 수 있다. 하나님의 창조물을 보는 것이 안식의 방법이다. 하나님께서도 보시고 기뻐하셨다.

특별히 하나님이 일곱째 날에 하신 일이 있다. "그 일곱째 날을 복되게 하사 거룩하게" 하셨다. 하나님께서는 "이 날은 거룩한 날이야. 이 날은 복된 날이야"라고 하시며 구별시켜놓으셨다.

따라서 하나님이 안식일로 정하신 일곱째 날은 그냥 쉬는 날이 아니다. 하나님과 함께하는 날이다. 하나님이 만드신 창조물을 함께 보며 함께 즐기고 함께 기뻐하며 함께 축제를 벌이는 날이다.

하나님께 드려지는 예배는 하나님 앞에 드려지는 축제와 같다. 예배는 회개와 기도로 하나님 앞에 온전하게 서는 시간이다. 그리고 하나님 앞에 올려드리는 축제다. 찬양하며 기뻐하는 시간이다.

하나님의 창조를 누리며 즐거워하는 것이 안식의 기본이다. 안식일, 즉 오늘날 우리에게 주일은 'Lord's day', 하나님의 날이다. 일하지 않는 날이 아니라 하나님의 축제에 참여하는 날이다.

안식을 잃어버리다

그런데 문제가 생겼다. 아담과 하와가 죄를 짓고 에덴동산에서 쫓겨나고 말았다. 노동이 시작된 이후에 인간은 물질주의로 빠지고 말았다. 노동을 통해서 얻는 재산에 차이가 생기면서 물질만능주의가 팽배해졌다. 설령 육신은 일을 하지 않고 쉬어도 진정한 안식에서 오는 평안을 잃어갔다.

주일은 하나님의 축제에 참여하여 하나님과 함께 기뻐하고 즐거워하는 날이 아니라 어떻게 해서든 쉬고 육체를 회복해서 노동을 준비하는 날이 되어버렸다. 창조의 질서가 무너지면서 물질주의가 우리를 힘들게 하고 있다.

　주중에 열심히 일하는 것도 주님의 일이다. 직업과 상관없이 그 일은 귀하다. 하지만 그 일을 통해 얻어지는 물질에 마음을 빼앗기면 우리 삶은 안식과 거리가 멀어진다.

　현실은 퍽퍽하고 미래는 보이지 않는다. 아무리 노력하고 아등바등해도 안락함은 더 멀어지는 것 같다. 더 쉬지 못하고 잡히지 않는 평안을 위해 더 달리게 됐다.

　진정한 안식은 무엇인가?
　좀 더 많이 가지면 쉴 수 있을까?

　사업이 커지면, 돈이 많아지면, 물질을 더 많이 가지면 좀 더 쉴 수 있을 것 같았다. 하지만 사업이 커지면, 가진 것이 더 많아지면 더 많은 일을 걱정하고 처리해야 한다. 안식일이 흔들리기 시작한다. 하나님께 드려지는 예배보다 일상생활이 주된 걱정이 되어버렸다.

　하나님이 구별해놓으신 '주의 날'이 나의 일을 준비하기 위한

'나의 날'이 되기 시작하고, 주중에 고생한 자신에게 어떠한 보답을 주어야 하는 날로 여겨지기 시작했다. 하나님과 함께하기보다 일상에서 벗어나 야외로 나가거나 내가 하고 싶던 것을 하면서, 그것이 쉼을 누리는 것이며 힐링이라고 스스로에게 되뇌이기 시작했다.

하나님이 구별하신 날이란 것을 잊기 시작하면서 더 많은 쉼이 있을 것 같았지만 오히려 안식과 거리가 멀어지게 되었다. 쉬는 것이 바로 안식이 되는 것은 아니다.

어떻게 쉬어야 할까?

누구나 잘 쉬고 싶다. 지친 일상에서 벗어나 힐링을 경험하고, 새 힘도 얻고 싶다. 하나님은 우리가 행복한 것을 기뻐하신다. 그럼에도 불구하고 안식일이 어떻게 시작되었는지 그 의미를 잃고, 하나님이 우리에게 주셨던 안식일의 목적이 흔들리기 시작하면 진정한 안식은 없다. 애써서 쉬어도 아이러니하게 우리는 점점 더 육체적으로, 정신적으로 힘들고 더욱 쉼이 필요해진다.

마태복음 11장 28절은 우리가 잘 아는 말씀이다.

수고하고 무거운 짐 진 자들아

다 내게로 오라

내가 너희를 쉬게 하리라 마 11:28

주님이 쉬게 하신다. 주님께로 나아가자. 다른 데 가지 말자. 주님이 우리를 쉬게 하신다.

안식은 적극적으로 하나님과 함께함으로 하나님이 주시는 쉼에 참여하는 것이다. 주일은 스스로 자신에게 힐링을 주는 날이 아니라, 하나님을 예배하고 하나님의 축제에 참여함으로써 하나님이 주시는 힐링을 맛보고 하늘의 평안을 누리는 날이다. 하나님 앞에 온전하게 드리는 시간이다. 그럴 때 진정한 쉼과 참된 안식을 누리게 된다.

그러니,
일상을 멈추고
주님 앞에 서라.

하던 일을 멈추고
쉼을 누리라.

주일에 예배만 드리라는 말이 아니다. 예배를 드린 후에 취미활동을 하거나 운동을 하거나 야외로 나가 자연을 만끽하라. 우리가 무엇을 하든 상관없이 하나님께서 허락하신 날과 창조물을 충분히 누리는 것이다.

하나님의 창조물 중에는 사람도 있다. 깊은 교제와 나눔의 만남도 우리에게 쉼이 된다.

절제할 때 진정한 쉼을 누릴 수 있다

아무리 좋은 것도 지나치면 아무 소용없다. 욕심이 생기는 것을 피하라. 교회에서 예배하고 새로운 힘을 얻어야 하는데, 봉사하는 것이나 사역이 너무 많아서 지친다면 정리하는 것이 좋다. 많은 사역보다 예배에 집중하고 안식을 누리라.

취미활동도 너무 지나치면 노동이 된다. 취미나 놀이가 집착이 되지 않도록 절제하라. 쉬려고 시작했던 취미에 지배당하지 말라.

가끔은 여행을 통해 하나님의 창조물을 보면서 찬양하며 자연에 담긴 하나님의 감동을 느껴보자.

소그룹 구성원과 함께 못했던 이야기를 나누고 삶을 누리자. 함께 웃고 함께 울자. 그런 관계와 나눔이 안식과 쉼으로 이어진다.

하나님 안에서 노는 시간도 하나님과 동행하는 시간이다. 놀고 쉬는 시간도 성령님과 동행하는 시간이다. 놀고 쉬는 시간에 절대로 죄책감을 갖지 말라. 우리가 즐거워하는 것을 하나님께서도 기뻐하신다. 자연을 보고 기뻐하고, 맛있는 것을 먹으며 즐거워하고, 서로 삶을 나누며 행복해하는 것을 하나님이 기뻐하신다.

아름다운 자연을 보면 하나님이 기억난다. 하나님을 찬양하게 된다. 작은 것 하나하나 모두 만끽하며 누리라. 날씨가 좋으면 화창한 날씨를 누리고, 비가 오면 고즈넉한 운치를 누리고, 바람이 불면 그 시원함을 누리자.

쉬는 시간에 기도하고 말씀을 봐야 하지 않나 걱정하지 마라. 주일은 하나님이 분명하고 거룩하게 구별하신 주님과의 축제의 날이란 사실을 잊지 않는다면, 일상을 멈추고 하나님과 함께하는 날임을 기억한다면 그 시간을 충분히 누리며 하나님과 동행함으로 안식할 수 있다. 쉼과 회복을 얻고 세상으로 나아갈 수 있다.

그러나 항상 균형이 중요하다. 성경은 주께서 사랑하는 자에게 잠을 주신다고 했다. 하지만 동시에 게으르면 안 된다고도 하신다. 성경 한 구절만 붙잡으면 어려워진다. 쉬고 노는 것도 마찬가지다. 균형이 중요하다. 일상을 멈추고 하나님과의 시간이 더 깊어질수록 깊은 평안과 쉼이 이루어질 것이다.

끝나지 않는 파티

평안은 세상이 줄 수 없다. 세상에서 찾지 마라. 하나님과의 관계 속에서만 얻을 수 있다.

세상은 작은 재미는 줄 수 있다.
그러나 기쁨은 줄 수 없다.

진정한 평안과 안식을 누리는 삶을 살자. 하나님이 주신 안식을 충분히 누리고 즐겁게 살아보자. 예배에 집중하고 하나님의 창조물을 누리며 하나님이 주신 관계 안에서 교제와 나눔이 있는 건강하고 아름다운 삶이 되기를 기도한다.

예수님은 이 땅에 오셔서 많은 기적을 일으키셨다. 이왕에 기적을 베푸실 것이라면 첫 번째 기적으로 모든 사람이 깜짝 놀랄 만한 대단한 기적을 베푸셨으면 더 좋았을 텐데, 예수님은 혼인잔치에서 물을 포도주로 바꾸셨다. 유대인들의 혼인잔치는 5일 정도 계속된다. 5일 동안 포도주와 먹을 것이 끊어지면

고소 대상이다.

'손님으로 나를 불러놓고 이렇게 대접해?'

이럴 정도로 그들은 먹고 마시는 혼인잔치를 굉장히 즐겼으며, 중요하게 생각했다.

성경을 자세히 보면 예수님도 그들과 함께 교제를 나누셨다. 그런데 갑자기 예수님의 어머니인 마리아가 굉장히 당황하기 시작했다. 포도주가 떨어진 것이다. 마리아는 예수님에게 이 상황을 전했고, 예수님은 물로 포도주를 만드셨다. 그리고 포도주는 이전보다 더 좋아졌다.

예수님은 왜 가나의 혼인잔치에서 첫 번째 기적을 베푸셨을까? 파티가 끝나기를 원치 않으셨기 때문이다. 예수님은 우리의 파티가 끝나지 않기를 바라신다. 우리가 먹고 마시며 기쁘게 즐기는 그 자리가 끝나지 않기를 원하신다.

예수님은 당신을 너무나 사랑하셔서 당신이 기뻐하고 즐거워하는 그 테이블이 끝나지 않기를 바라신다. 안식하고 기뻐하며 즐거워하는 그 잔치를 위해 예수님은 첫 번째 기적을 마다하지 않으시고 베푸신 게 아니셨을까?

하나님 앞에서 기뻐하고 즐기는 것도 온전한 예배가 될 수 있다. 서로를 기뻐하며 쉼을 나누는 교회가 되기를 바란다. 우리가 어떤 위대한 일을 하는 것보다 서로를 존중하고 소중하게 여기면서 아름답고 귀한 나눔이 쉼이 되기를, 하나님이 주시는 안식을 누리게 되기를 바란다.

1 ── 요즘 나의 생활은 어떤지 생각해보자. 쉼 없이 너무 피곤한 나날들이 이어지고 있는가?

2 ── 나는 주일을 어떻게 보내고 있는지 구체적으로 살펴본다. 주일 아침부터 주일 밤 잠자리에 들 때까지 시간을 어떻게 보내고 있는지 생각해보자.

3 ── 진정한 쉼은 하나님과 함께하는 것이다. 구별된 주일을 보내기 위해 나는 무엇을 해야 하는지 생각해보자. 구체적인 활동이나 방법을 몇 가지 적어보아도 좋고, 방향성을 정리해보아도 좋다.

4 ── 쉼을 축복으로 누리고 회복의 시간을 갖기 위해 구체적으로 결단해야 하는 것은 무엇이 있을지 생각해보고 정리해본다.

돈은 목적이 아니라 도구이다

그러나 자족하는 마음이 있으면 경건은 큰 이익이 되느니라
우리가 세상에 아무것도 가지고 온 것이 없으매
또한 아무것도 가지고 가지 못하리니
우리가 먹을 것과 입을 것이 있은즉 족한 줄로 알 것이니라
부하려 하는 자들은 시험과 올무와
여러 가지 어리석고 해로운 욕심에 떨어지나니
곧 사람으로 파멸과 멸망에 빠지게 하는 것이라
돈을 사랑함이 일만 악의 뿌리가 되나니
이것을 탐내는 자들은 미혹을 받아 믿음에서 떠나
많은 근심으로써 자기를 찔렀도다

딤전 6:6-10

막강한 상대, 돈

캐나다에서 사역하는 켄 시게마츠(Ken Shigematsu) 목사님은 "우리는 돈의 주인이거나, 아니면 돈의 종"이라고 말했다. 우리가 돈에 대해 청지기로 살든지 아니면 돈에 질질 끌려다니는 인생을 산다는 말이다.

돈의 힘은 상당히 막강하다. 그리고 굉장히 현실적이다. 이 땅을 살면서 돈만큼 강력하게 우리 피부에 와닿는 힘은 아마 별로 없을 것이다.

> 한 사람이 두 주인을 섬기지 못할 것이니
> 혹 이를 미워하고 저를 사랑하거나
> 혹 이를 중히 여기고 저를 경히 여김이라
> 너희가 하나님과 재물을 겸하여 섬기지 못하느니라 마 6:24

하나님과 재물을 겸하여 섬길 수 없다고, 성경이 하나님의 비교 대상으로 언급할 만큼 돈은 막강한 힘을 가졌다. 인생에 상당한 영향을 준다. 하나님의 은혜는 안 보이는데, 돈은 보인다. 사람이 사람 대우를 받으려면 돈이 필요하다. 그러나 성경은 돈에 대해 아주 명료하게 말한다. 물질과 하나님을 함께 섬길 수는 없다고!

믿음은 우리의 가치관이 변화되는 것이다. 하나님을 향한 절대적인 가치를 찾지 못하는 한, 다시 말해 우리의 가치관이 하나님 중심으로 변하지 않는 한 우리는 돈의 종으로 살 수밖에 없다.

하나님과의 관계 속에서 은혜와 믿음이 건강할 때는 하나님으로 만족하고 자족하지만, 조금이라도 하나님과의 관계가 삐꺽거리면 세상에 마음을 돌리게 된다.

더 나아가서 예수님의 이름으로 간절히 기도하는 모습은 영적일지라도 그 기도의 내용이 온통 돈에 관한 내용으로 가득 차 있다면 그 기도는 영적이지 않다.

재물을 이야기할 때 제일 많이 들었던 단어가 '맘몬'일 것이다. '재물' 혹은 '재물의 신'을 가리키는 '맘몬'은 '아만'이란 어근에서 비롯되었는데, '아만'은 '내가 사랑하는 것'이란 뜻이다.

즉 내가 사랑하는 것이 돈이 되는 것이다. 그러니까 돈은 나의 사랑의 대상, 나의 충성을 요구해낼 수 있는 대상이란 것이다.

물질에 질질 끌려다니기 시작하면 끝도 없다. 욕심을 채울 수 있는 금액은 없다. 돈은 쉬운 상대가 아니다.

돈에 대한 태도에서 신앙 태도가 나타난다

물질은 꼭 필요하다. 물질 없이는 이 땅에서 살아갈 수가 없다. 물질은 꼭 필요하지만, 물질이 주인이 될 수 없다. 우리는 그런 하찮은 인생이 아니다.

신앙의 태도는 돈에 대한 나의 태도에서 나타난다. 두 주인을 섬기지 않겠다면 마음을 돈에 빼앗기지 마라. 전지전능하신 하나님의 능력으로 돈을 구하지 말고 주시는 것으로 만족하고 살아가자. "여호와는 나의 목자시니 내게 부족함이 없으리로다"(시 23:1)라는 말씀처럼 자족하는 것을 배우자.

성경은 부자는 천국에 가기 어렵다고도 하고, 돈을 사랑하는 것이 일만 악의 뿌리라고도 한다.

그런데 교회 안에서도 돈이 많은 사람을 보면 너무 쉽게 하나님의 복을 받았다고 여긴다. 하나님을 믿으면 가치관이 변화되고, 가치관이 변화되면 세상을 좇지 않는 것인데, 물질에 대해서는 계속해서 세상의 가치관을 따르는 것을 많이 본다.

하나님이 물질을 많이 주셨다면, 그것은 우리에게 숙제다. 하나님 앞에서 제대로 해결해야 할 많은 숙제를 받은 것인데, 그저 부러워만 한다.

사업 잘되게 해달라고 기도하는 사람은 있지만, 사업이 너무 잘되는데 어떻게 하냐고 기도해달라고 부탁하는 사람은 없다. 대부분의 크리스천들이 돈이 많아서 위험해질 수 있음을 걱정하지 않는다.

그러나 우리에겐 이러한 걱정이 필요하다. 물질이 많아질수록 하나님 앞에서 똑바로 서는 것이 어렵기 때문이다. 세상은 돈이 가진 막강한 힘으로 움직여진다. 그래서 맘몬이 자리 잡은 신앙이나 교회는 온전하기 힘들다.

하나님 중심으로 똑바로 생각하고 중심을 잡자. 우리가 돈을 사랑하는 이유는 돈이 나에게 안전을 가져다줄 것이라는 착각 때문이다. 현실에 대한 안전, 미래에 대한 안전이 보장될 것 같은 믿음 때문이다.

돈은 진정한 만족을 줄 수 없다

그러나 무엇이든지 내게 유익하던 것을
내가 그리스도를 위하여 다 해로 여길뿐더러
또한 모든 것을 해로 여김은
내 주 그리스도 예수를 아는 지식이
가장 고상하기 때문이라
내가 그를 위하여 모든 것을 잃어버리고 배설물로 여김은
그리스도를 얻고 그 안에서 발견되려 함이니
내가 가진 의는 율법에서 난 것이 아니요
오직 그리스도를 믿음으로 말미암은 것이니
곧 믿음으로 하나님께로부터 난 의라 빌 3:7-9

하나님을 만난 후에 사도 바울은 이 세상의 것에 대한 가치를 배설물로 여기기 시작했다. 이 땅의 가치에 대해 극복하기 시작했다. 그것이 사도 바울에게 분명히 드러났던 이 세상에 대한 태도와 가치의 변화였다.

미국에 월마트라는 창고형 매장이 있다. 미국에서 가장 큰 기업 중 하나로, 창고형 할인점의 대명사로 여겨진다. 월마트의 창시자는 샘 월튼(Sam Walton)이다. 그는 창고형 매장을 처음

시작하여 큰 성공을 거두자 계속 사업장을 늘려갔다. 사업장이 점점 늘어나자 부인인 헬렌 월튼이 말리기 시작했다.

"이제 우리는 너무나 많은 것을 가졌어요. 더는 필요한 게 없어요. 왜 이렇게 일을 많이 해요? 당신은 계속 잠을 못 자고 있어요."

그러나 샘 월튼은 부인의 조언을 듣지 않고 계속 창고를 늘려갔다. 헬렌 월튼은 자서전에서 "내 남편이 열일곱 번째 창고를 오픈할 때 그는 죽을 때까지 이 일을 멈추지 않을 것이라는 걸 알게 됐다"라고 했다.

땅의 것을 이룰 때 얻어지는 즐거움은 상당하다. 그러나 진정한 만족을 얻을 수는 없다. 헬렌 월튼의 말처럼, 진짜 죽을 때까지 그 일만 하다가 죽는다.

미국에서 가장 큰 부자로 잘 알려진 록펠러는 "얼마나 더 많은 재산이 있으면 좋겠냐?"라는 질문에 유명한 답을 한다. "Just little bit more"(조금만 더).

성공한 부동산 사업가 출신이자 미국의 45대 대통령이기도 한 도널드 트럼프(Donald Trump)도 비슷한 말을 했다. "당신의 자산이 얼마나 더 있으면 좋겠습니까?"라는 질문에 트럼프는 "지금보다 10퍼센트만 더 있으면 좋겠다"고 답했다.

필리핀 마닐라에서 쓰레기를 주우며 하루 벌어 하루 먹고 사는 사람들에게도 같은 질문을 던져보았다.

"돈이 얼마나 더 있으면 행복하겠습니까?"

재미있는 것은 그들도 부자들과 같은 답을 했다는 것이다.

"지금보다 10퍼센트만 더 있으면 행복하겠다…."

그러나 이 10퍼센트는 영원히 채워지지 않는다. 그 10퍼센트가 채워지는 순간 또 10퍼센트를 채우려고 할 것이다. 영원히 채워지지 않는 10퍼센트 때문에 돈을 좇는 인간은 영원히 만족을 얻지 못한다. 우리가 그렇게 살 수는 없지 않을까?

돈에 대한 분명한 변화가 필요하다

종교개혁자 마틴 루터는 예수를 믿은 우리에게 일어나야 하는 세 가지의 회심이 있다고 말했다. 첫째는 마음의 회심, 둘째는 정신적인 회심, 셋째는 지갑의 회심이다.

돈에 대한 분명한 변화가 있지 않고는 신앙생활을 똑바로 하지 못한다는 뜻이다. 맘몬은 그만큼 강한 영향력을 가지고 있기 때문이다. 돈은 우리를 사로잡는다. 그리고 돈이 나의 주인이 되는 즉시 하나님은 나의 주인이 아니시다. 말로는 주님을 섬기겠다고 하지만, 실제로는 돈에 끌려가는 인생을 살게 된다.

우리의 삶을 돌아보자. 우리는 정말 하나님을 따르고 섬기고 있는가?

돈에 대한 태도가 신앙을 입증한다. 돈을 어떻게 대하고 어떻게 다루느냐가 우리의 신앙을 분명하게 드러낸다. 다른 것은 적당한 선을 지키며 넘어갈 수 있을지 모르겠지만, 돈에 대해서만큼은 우리가 진정으로 섬기는 대상이 돈인지 하나님인지, 우리의 노선이 극명하게 드러난다.

지금 만족하지 못하면 영원히 만족하지 못한다

당신은 하나님이 주시는 것에 만족하며 자족하는 삶을 사는가? 아니면 지금보다는 더 있어야 만족하겠다고 생각하며 사는가? 하나님이 지금 주신 것에 만족할 수 없다면, 절대 만족하지 못한다. 영원히 채워지지 않는 10퍼센트처럼.

"여호와는 나의 목자시니 내게 부족함이 없으리로다"라고 지금 고백하지 못하면 영원히 고백하지 못한다. 여호와 하나님이 나의 목자이시기 때문에 어떤 상황과 어떤 형편 속에서도 우리는 부족하지 않다.

만약 전지전능하시고 우리를 잘 아시는 여호와 하나님께서 지금 주시지 않는 것이라면 어쩌면 그것은 우리가 간구해서 얻어야 할 것이 아니라 필요 없는 것일 수도 있다.

이 땅의 것을 얻어야 하나님 앞에 축복을 받은 것이고, 이 땅의 것을 얻지 못하면 하나님의 축복을 받지 못했다고 생각하는 기복적인 신앙에서 완전히 벗어나자. 기복적인 신앙에서 벗어나지 못하면 이 땅의 것에 얽매이게 된다. 신앙이 힘을 잃고, 믿음은 길을 잃는다. 물질에 대한 하나님 중심의 새로운 정립이 필요하다.

나는 하나님으로 만족한다

내가 궁핍하므로 말하는 것이 아니니라
어떠한 형편에서든지 나는 자족하기를 배웠노니
나는 비천에 처할 줄도 알고 풍부에 처할 줄도 알아
모든 일 곧 배부름과 배고픔과 풍부와 궁핍에도
처할 줄 아는 일체의 비결을 배웠노라
내게 능력 주시는 자 안에서
내가 모든 것을 할 수 있느니라 빌 4:11-13

나폴레옹이 유명한 말을 남겼다.

"내 사전에 불가능은 없다."

빌립보서 4장 13절 말씀은 나폴레옹의 이 명언과 결론은 비슷해 보이나, 정반대의 말씀이다. 나는 얼마든지 궁핍과 가난에 처할 수 있다. 또한 풍부함에 처할 수도 있다. 그러나 내가 어떤 상황에 처하든지 상관없이 하나님이 나에게 만족을 주신다. 나는 하나님으로 만족한다. 자족한다. 그러므로 주 안에서 나는 모든 것을 할 수 있다는 고백이다.

하나님의 사람은 하나님께 간구한 모든 것들이 다 채워져야 한다고 생각하지 않는다. 오늘 이 시간에 자족하고, 만족하고, 감사한다. 이것이 물질에 질질 끌려다니지 않는 태도다.

빌 맥키번의 저서 《Deep Economy(깊은 경제)》를 보면 사람이 돈에 따라 행복이 좌우되는 소득 수준이 연간 1만 불이라는 연구가 나온다. 그러니까 한 1,000만 원 정도 버는 사람은 조금 더 벌고 덜 벌고에 행복이 좌우될 수는 있다는 것이다. 그런데 그보다 더 많이 벌거나 더 적게 버는 사람들은 그렇지 않다는 것이다.

또 놀라운 것은 행복 지수가 높은 나라들 가운데 상당수가 잘사는 나라인 선진국보다는 오히려 가난한 국가들이 많다는 것이다. 대표적으로 방글라데시는 행복 지수가 높은 나라 중에 하나다. 방글라데시는 세계에서 가장 가난한 나라로 유명한 나라다. 나도 방글라데시에 가본 적이 있었는데, 정말 가난했다. 그러나 사람들이 잘 웃고 참 밝았다.

그러면 대부분 사람이 차라리 모두 가난한 게 낫다고 말하지만, 거기도 다 가난하지는 않다. 빈부의 격차가 어마어마하다. 그런데도 행복 지수가 높다는 것은 사람은 돈으로 행복해지지 않는다는 것이다. 물질에 좌우되는 것 같지만 물질이 인간의 갈급함을 채워주지 못하는 것은 분명하다.

돈은 관리가 필요하다

믿음은 삶의 만족이나 풍성함을 예수님에게서 찾는 것이다. 일상생활 속에서 자제할 것이 있다면 자제하자. 필요 없는 것을 사면서 만족을 느끼는 사람들이 많다. 무언가를 구매하면서 스트레스를 풀고 만족감을 얻는 것이다. 그러나 우리가 소비하는 물건에 우리의 정체성이 담겨 있지는 않다.

홈쇼핑을 많이 보면 쓸데없는 지출이 생긴다. 홈쇼핑을 진행하는 사람 중에 이것이 정말 필요한지 생각해보라고 말해주는 사람은 하나도 없다. 꼭 필요한 것이고, 꼭 먹어야 한다고 말한다. 그래서 계속 보다 보면 사게 된다.

할인 행사를 쫓아다니는 것도 그만하자. 50퍼센트 할인받아서 샀다고 싸게 산 것이 아니다. 안 사도 되는 것을 샀다면 그만큼 돈을 쓴 것이다. 그런데도 싸게 사서 돈을 벌었다고 말한다. 1년에 한 번 쓸까 말까 한 것을 할인한다고 덥석 사는 것은 돈을 쓴 것이지 절약한 것이 아니다.

백화점 할인 품목 앞에서는 돈을 잘 쓰는데, 하나님과 이웃에게는 인색하다면 회개하자. 어디서 뭘 샀냐고, 다음에 갈 때는 나도 꼭 데리고 가라고 할 시간에 복음을 나누는 삶을 살자.

네 보물 있는 그곳에는 네 마음도 있느니라 마 6:21

마음과 보물은 한곳에 있다. 속일 수 없다. 중요하게 생각하는 것에 우리의 마음도 있기 마련이다. 맘몬을 섬기느냐, 하나님을 섬기느냐가 분명하게 드러난다. 우리는 결코 두 주인을 섬길 수는 없다.

주의 이름을 불러도 '내가 정녕 너를 모른다'고 하시는 것은 주님을 온전하게 주인으로 모시지 않았기 때문이다. 기도하고 영적인 행동을 하지만 맘몬에 잡혀 끌려다니며 살아가면 죽는다. 그래서 돈은 관리가 필요하다. 청지기로서 돈의 관리를 시작하라.

돈 관리의 시작은 십일조

돈 관리는 십의 일을 구별하여 하나님 앞에 드리는 것부터 시작한다. 십일조는 내 수입의 10퍼센트가 하나님의 것이라는 뜻이 아니다. 나의 모든 것이 하나님의 것이라는 고백이다. 그리고 십일조는 믿음 좋은 사람들의 표징이 아니다. 신앙의 목표가 아니라 신앙의 출발선이다. 주님을 따른다는 것을 선포하고 맘몬에 짓밟혀 살지 않겠다는 것이다.

믿음이 좋아지면 십일조를 하는 것이 아니다. 십일조는 진정한 믿음의 출발선이다. 십일조로 나의 모든 것이 하나님의 것임을 고백하자.

만국의 여호와가 이르노라

너의 온전한 십일조를 창고에 드려

나의 집에 양식이 있게 하고 그것으로 나를 시험하여

내가 하늘 문을 열고 너희에게 복을 쌓을 곳이 없도록

붓지 아니하나 보라 말 3:10

하나님의 기준은 온전한 십일조다. 많은 액수가 아니다. 온전한 십일조에는 많고 적음이 없다. 온전한 십일조를 하나님 앞에 드려라. 하나님께서 주시는 것만 먹고 사는 것이다. 부스러기라도 주의 것만 먹는 것이다.

하나님께서 책임진다고 약속하셨다. 하나님의 풍성한 은혜와 임재가 함께하는 삶을 살자. 믿음으로 살면 충분하다. 경제 상황에 따라 충분한 것이 아니다.

마음의 태도가 가장 중요하다

각각 그 마음에 정한 대로 할 것이요
인색함으로나 억지로 하지 말지니
하나님은 즐겨 내는 자를 사랑하시느니라 **고후 9:7**

인색하거나 억지로 하지 마라. 태도가 옳지 않으면 받지 않으신다.

나는 어렸을 때부터 여러 가지 일을 많이 했다. 그중 하나로 미국에서 고등학교 1학년 때쯤 한 식당에서 일한 적이 있다. 아직 나이가 어렸기 때문에 술을 서빙하는 웨이터는 할 수 없었고, 접시를 닦거나 웨이터 돕는 일을 하는 버스보이(busboy)를 했다.

손님이 나가면 그 테이블을 재빨리 치우고 세팅하는 게 주로 내가 할 일이었다. 엄청나게 힘들다. 저녁마다 4시간에서 5시간 정도 일하는데 얼굴이 하얘질 때까지 일했다. 미국 식당에서 쓰는 그릇 자체가 무거운데, 그것을 들고 빠르게 움직여야 했다.

돈은 대게 팁으로 웨이터들에게 받는다. 손님에게 받은 팁에서 웨이터들이 버스보이에게 팁을 준다. 1불짜리, 5불짜리, 10불짜리로 돈을 받아온다. 당시에 형편이 어려웠던 가정상황 때문에 그 돈을 부모님께 모두 드렸다. 힘들게 일해서 돈을 벌어도 번 돈을 마음대로 쓸 수 없다는 게 마음을 힘들게 했다. 그러니 어린 자식의 돈을 받는 부모님은 얼마나 마음이 힘들었겠나.

돈이 그렇다. 그 앞에서 사람의 마음이 싹 바뀌기도 하고 힘들어지기도 한다. 돈이라는 게 얼마나 간사한지 1불 차이로 사람의 마음이 바뀐다. 별로 안 좋아하는 웨이터도 팁 1불만 더 주면 좋아진다. 그때의 경험 때문에 나는 어느 식당에 가든지 꼭 팁은 챙겨준다.

돈은 사람의 마음을 간사하게 하고 마음을 빼앗는 능력이 있다. 정신을 안 차리면 돈에 마음을 빼앗긴다. 십일조가 아까우면 억지로 하나님 앞에 드리지 말고 기도하며 마음을 정리하는 게 중요하다. 그럼에도 불구하고 십일조는 신앙의 시작이지

성숙함의 표현이 아님을 기억하자.

하나님께서 공급해주시는 것만으로
사는 연습을 하자.
산제사로 드려지는 삶을 살자.
돈에 묶이지 마라.

돈을 주인으로 삼지 않고 사는 사람들

감리교회를 시작한 존 웨슬리는 처음 사역을 시작하던 시절 연 수입이 30파운드였다. 그래서 웨슬리는 1년에 28파운드로 살아야겠다고 작정했다. 그 외의 것은 하나님께 드리고 교회를 통해서 선교하겠다고 생각했다. 그후 수입이 60파운드가 되었을 때도 그는 28파운드만 사용하고 나머지는 하나님께 드렸다. 십일조보다 훨씬 많이 드린 것이다.

존 웨슬리가 감리교 창시자이다 보니 그의 책이 많이 팔리기 시작했다. 몇 년 뒤에는 존 웨슬리가 1년에 번 연간 소득이 1,400파운드나 되었다. 그런데도 그는 여전히 28파운드로 살았다. 가장 단순한 삶을 유지하면서 살았다.

미국에 '콜게이트'라는 치약이 있는데, 그 치약 회사를 세운

콜게이트라는 사람도 십의 구를 주님 앞에 드리고 자신은 십의 일로 살겠다고 고백했다. 사업을 하다가 망한 페니라는 사람은 '나의 사업은 하나님의 것이다'라고 선포하고 자신의 이름 앞에 예수 그리스도라는 의미의 J.C.를 붙여서 'JCPenny'라는 잡화점을 시작했다. 지금은 미국 전 지역에 있는 백화점이 되었다.

내가 좋아하는 학자 중에 로날드 사이더라는 분이 있는데, 그 분이 쓴 책 중에《가난한 시대를 살아가는 부유한 그리스도인》이라는 책이 있다. 오래된 책이다. 그 책에 보면 '누진 십일조'라는 말이 등장한다. 임금이 많아질수록 기부의 퍼센티지도 많아져야 한다는 뜻이다. 그러니까 만약 10퍼센트로 기부를 시작했다면 임금이 높아질수록 그것이 12퍼센트, 15퍼센트, 20퍼센트 늘어나야 한다는 것이다.

물질을 주인으로 삼지 않는 데에는 엄격한 기준이 필요하다. 돈에서 자유하고 싶으면 구체적인 헌신을 해야 한다.

너무 많은 소비, 쓸데없는 소비를 살피라

재정을 돌아볼 때 한 달 씀씀이를 확인하자. 얼마나 돈을 쓰는가? 어디에 쓰는가? 무엇을 하는가? 돈을 쓰는 방법이 나의 정체성이다.

함부로 카드를 사용하지 말고 할부를 쉽게 생각하지 말자. 짜임새 있는 경제생활을 하자. 쓸데없는 빚을 지지 말고 한 달에 버는 수입 안에서 산다. 사고 싶은 것이 있으면 돈을 모아 준비되면 구매한다. 먼저 사고 갚아가는 것은 맘몬에 끌려 사는 것이다.

그리고 넉넉해질수록 더 하나님 앞에 드리고 나누는 삶을 살자. 그 넉넉함은 나만을 위함이 아니다. 이웃을 향한 도구다. 그래야 하나님 앞에서 돈을 섬기지 않는 사람이 될 수 있다.

하나님과의 관계도 재정 운영에 다 나타난다. 미래를 위해서도 지나치게 저축하지 마라. 물론 저축은 필요하다고 생각한다. 그러나 지나치게 돈을 모으지는 말자. 약한 이웃을 생각하는 재정 관리가 필요하다.

교회는 긍휼과 선교를 향하여
재정을 흘려보내야 한다.
그게 교회를 세우신 이유다.

처음 결혼할 때는 살림이 별로 없지만, 아이들을 키우다 보면 당연히 살림이 많아진다. 그러나 그 아이들이 결혼해서 출

가하면 다시 살림을 줄여야 한다. 점차 줄여서 천국 갈 때는 정리할 게 많지 않아야 한다. 맥시멈으로 키운 살림을 유지하다가 천국에 가면 안 된다. 살림을 늘렸으면 줄이는 일도 해야 한다.

재정 관리를 단순화하여 영적 질서를 세운다. 기도보다 물질 관리가 어렵다. 물질의 올바른 관리에 헌신하자. 왜 우리는 이렇게 살아야 하나? 성경에서 우리의 정체성을 말해주고 있다.

그러나 너희는 택하신 족속이요 왕 같은 제사장들이요

거룩한 나라요 그의 소유가 된 백성이니

이는 너희를 어두운 데서 불러내어

그의 기이한 빛에 들어가게 하신 이의

아름다운 덕을 선포하게 하려 하심이라 **벧전 2:9**

우리는 택하신 족속이요 왕 같은 제사장이다. 우리를 통해 하나님의 빛이 이 땅에 등장한다.

누가 당신의 주인인가? 돈인가 하나님인가. 십일조는 재정 관리의 시작이다. 거기서부터 영적 질서를 세워나가라. 그리고 교회는 최선을 다해서 물질을 긍휼과 선교에 흘려보내야 한다. 온전하게 주님 앞에 드려지는 삶으로 우리 삶에 구체적인 변화가 있어야 한다.

그 구체적인 변화를 통하여 영적인 새로운 능력이 우리를 사로잡길 바란다. 신앙생활을 하다 보면 때로는 지칠 때가 있다. 그러나 우리가 하나님을 기쁘시게 하는 목적을 가지고 인생을 살 때 하나님께서 우리에게 새 힘을 주실 것이다. 물질관이 영적 질서로 반드시 세워져서 하나님 앞에 쓰임 받기를 소망한다.

1 —— 지금 나의 재정 상태에 만족하는가? 나는 지금보다
돈이 얼마나 더 있으면 만족할까?

2 —— 돈이 날 얽매고 있다는 느낌이 들 때가 있는지 생각
해보자. 언제 그런 생각이 드는가?

3 —— 돈이 아니라 주님을 따르는 결단을 하기 위해 지금
바꾸어야 하는 나의 생각이나 행동은 무엇이 있을
까? 정리해보자.

4 —— 기부나 헌금은 현재 수입에서 몇 퍼센트를 하고 있는
가? 그리고 앞으로 얼마나 하고 싶은가?

하나님은 일터로 우리를 부르셨다

하나님이 그들에게 복을 주시며
하나님이 그들에게 이르시되
생육하고 번성하여 땅에 충만하라, 땅을 정복하라,
바다의 물고기와 하늘의 새와 땅에 움직이는
모든 생물을 다스리라 하시니라
창 1:28

일하는 것은 저주인가?

하나님의 사람에게 일하는 것은 생활비만을 위함이 아니고 하나님의 살아 계심을 드러내는 시간이기도 하다. 모든 직업은 하나님의 살아 계심을 증거하는 무대다.

한국은 일을 많이 하는 나라다. OECD 국가 중에 연평균 노동 시간은 항상 상위권이다. 2020년 기준으로 1년에 평균 1,908시간을 일했다고 하는데, 이는 OECD 국가 중 3위에 해당한다. 굉장히 근면하고 성실하다고 알려진 일본의 연평균 노동 시간이 1,598시간이니 1년 동안 한국인은 일본인보다 평균 380시간 넘게 더 일했다. 독일 사람들보다는 무려 576시간이나 더 일했다. 하루에 8시간씩 주 5일 일한다고 했을 때 우리나라 사람이 독일 사람들보다 세 달 넘게 더 일한 것이다.

일하는 양이 많다 보니 일하는 것이 힘들다. 청년들은 취업과 퇴사를 반복한다. 일하면 쉬고 싶고, 쉬다 보면 다시 일해야겠고.

'일 좀 안 하고 살 수 없을까?'

궁리만 늘어간다.

일을 저주라고 여기는 경향은 현대인에게만 있는 게 아니다. 이러한 경향의 기원은 굉장히 오래되었다.

아브라함이 떠난 갈대아 우르는 인류 최초의 문명 발상지인 메소포타미아 지역이다. 메소포타미아 문명에서 나온 수메르 신화에 보면 인간 창조에 관한 이야기 있다. 수메르 신화에 따르면 상급 신들을 위해 일하던 하급 신들이 과도한 노동에 반발해 "같은 신인데 왜 누구는 쉬고 누구는 일하느냐?"라며 불평을 터뜨렸다. 그러자 하급 신들을 대신하여 일하는 존재로 만들어낸 것이 인간이란다. 수메르 신화 속에서 인간은 신이 일하기 싫어서 만든 노예 같은 존재라고 하니, 일하는 것이 저주 같은 숙명으로 짐 지워져 있었다.

하나님을 닮아서 일하는 존재가 되었다

하지만 성경은 이와 정반대로 말한다. 창세기 1장은 하나님께서 세상과 우주와 우주 만물을 만드시는 장면을 보여준다.

하나님이 우주를 만드셨다. 땅과 하늘과 바다를 만드셨고, 동물과 나무와 꽃과 새를 만드셨다. 그리고 그것을 보시며 좋았다고 하셨다.

하나님은 일하는 하나님이시다. 일하신 후에 만든 것을 보시며 희열을 느끼는 분이시다. 만드실 때마다 너무나도 기뻐하는 분이시다.

그리고 하이라이트로 인간을 만드셨다. 인간을 위해 그 모든 창조를 하신 것이었다. 심혈을 기울여 만드신 후에 보시기에 심히 좋았더라고 말씀하셨다. 인간은 그렇게 귀하게 만들어졌고, 하나님의 다른 모든 창조물들을 다스리게 되었다.

하나님은 일하기를 좋아하고 기뻐하는 분이시다.
일하는 것은 저주가 아니고 하나님을 닮은 것이다.

일은 가난해서 하는 것도 아니고 단순히 먹고살기 위해서 하는 것도 아니다. 일은 창조주 하나님을 닮아서 하는 행위이다.

예수께서 그들에게 이르시되 내 아버지께서 이제까지 일하시니 나도 일한다 하시매 **요 5:17**

FWIA(Faith & Work Institute Asia)의 대표인 김윤희 교수는 창세기 1-3장에 기록된 하나님이 하신 일을 바탕으로 하나님의 직업을 따져보았다. 하나님의 직업이 얼마나 많은지, 그분은 온 지구를 만들고 꾸미셨다. 하나님은 최초의 건축가, 인테리어 전문가, 예술 공예가, 정원사셨다. 사람을 아름답게 만드시고 옷을 입혀주셨으니, 의상디자이너의 원조시다. 또 미용사의 원조이시기도 하다.

남자를 만드시고 남자가 혼자 외로운 것이 싫어서 남자의 갈비뼈를 취하여 여자를 만드셨다. 이를 위해 남자를 잠들게 하셨으니 마취과 의사의 원조이시다. 외과의사의 원조이기도 하시고, 남자와 여자를 결혼하게 하셨으니 결혼 주선업체의 원조이기도 하시다.

세상에 있는 모든 직업들을 하나님이 직접 설계하셨다고 해도 무방할 것이다.

열심히 일하는 것 자체가 거룩한 행위다

세상의 모든 직업은 귀하다. 일하는 것은 저주가 아니라 하나님을 닮은 행위다. 그런데 일이 힘들다 보니 일하지 않고 살고 싶다는 생각을 하게 된다.

요즘은 아이들에게 장래희망이 뭐냐고 물으면 "건물주가 되는 것"이라고 대답하는 시대다. 5억 원을 주면 대신 감옥에 가겠느냐고 묻는 설문조사에 고등학교 3학년 학생 절반 이상이 "감옥에 갈 수 있다"고 응답했다. 일하지 않고 살고 싶다는 것이다. 자본주의 사회 자체가 일하지 않고 살 수 있는 것을 힘으로 여긴다.

하지만 성경은 결과보다 과정을 보시는 하나님을 전한다. 성경은 일하지 않고 사는 것을 최고의 가치로 여기는 게 아니라 일하지 않는 자는 먹지도 말라고 한다.

일하는 과정 자체가 하나님의 섭리다. 일하지 않는 것은 게으른 것이다. 내 삶을 방만하게 방치하는 것을 하나님께서는 매우 싫어하신다.

온 세상에 있는 모든 직업은 하나님께서 직접 가면을 쓰고 일하시는 것이다. 물론 부도덕하거나 불법적인 일은 제외하고 말이다. 일하는 것은 하나님을 사랑하는 것이고, 이웃을 사랑하는 것이다. 일하는 것은 하나님의 우주적 섭리 가운데서 하나님이 맡기신 거룩한 일을 감당하고 있는 것이다.

세상은 저주가 아니다. 세상은 하나님께서 우리에게 선물로 주신 것이다. 세상에서 하나님의 주인 되심을 드러내기 위해서 열심히 일하는 것은 매우 거룩한 행위다.

열심히 일하는 그 자체가 거룩한 행위다.
당신의 일은 누군가를 섬기고 도와주는 것이다.
모든 일은 거룩함과 고귀함이 있다.

하나님의 은혜를 받은 사람으로서 그 은혜를 누군가에게 갚는 것이 바로 일하는 것이다. 내 삶의 자리, 내게 주어진 일터에서 누군가에게 은혜를 갚는 것이다. 그러니 일을 향한 하나님의 거룩한 부르심에 응답하고, 월요일을 괴로워하며 맞을 것이 아니라 주일처럼 거룩하게 대하자.

교회의 사역만 거룩한 것이 아니다. 하나님의 사람이 하는 모든 일이 거룩하다. 땀을 흘리며 일하고 있는 그곳을 사랑하고 소중하게 여기라. 그곳이 하나님께서 부르신 곳이다. 당신에게 주어진 일이 하나님이 당신에게 맡기신 일이다.

회사에서는 절대 교회 일 하지 말고, 누구보다 회사 일에 집중해야 한다. 간혹 청년들이 회사에서 교회 일 하느라 몇 십 분씩 전화 통화를 하거나 딴 짓을 한다고 하는데, 절대 그러면 안 된다.

회사에서는 회사 일을 열심히 하는 것이 거룩한 것이다. 가정에선 가정에 충실한 것이 거룩한 것이다. 하나님이 당신을 그 곳으로 보내셨다. 물론 일이 힘들 때가 많다. 지긋지긋하다고 느껴질 때도 있다. 하지만 하나님께서 주시는 은혜와 복은 그 일들을 더 잘 감당하게 한다.

하나님이 복을 주시며, 일하라고 하셨다

하나님이 그들에게 복을 주시며 하나님이 그들에게 이르시되 생육하고 번성하여 땅에 충만하라, 땅을 정복하라, 바다의 물고기와 하늘의 새와 땅에 움직이는 모든 생물을 다스리라 하시니라

창 1:28

"생육하라. 번성하라. 충만하라. 정복하라. 다스리라."

이 말씀에 나오는 동사는 다 일하라는 뜻이다. 열정적으로 일하라는 뜻이다. 일하는 것이 저주가 아니라는 단서가 앞에 있다.

"하나님이 그들에게 복을 주시며."

하나님께서 우리에게 은혜를 주시며 복을 주신다. 일할 때 감당할 능력과 지혜를 하나님께서 당신에게 부어주신다. 그 은

혜와 복을 가지고 나를 부르신 삶의 자리로 나아가라. 그곳에서 그 일을 더 잘하게 되는 것이 바로 하나님의 일이다. 하나님의 백성은 하나님이 복을 주시면 그 복을 가지고 더 열심히 정복하고, 열심히 다스리고, 열정적으로 일한다.

어떤 기독교 작가는 "거룩한 목수란 술을 마시지 않고 예배를 잘 드리는 사람이 아니라 최고의 테이블을 만드는 사람이다"라고 했다. 경쟁에서 이기라는 뜻이 아니다. 돈을 많이 벌라는 것도 아니다. 내가 하는 일이 하나님의 부르심이고, 나는 그 일터에 파송된 거룩한 직업적 선교사란 뜻이다.

모든 사람이 목사가 될 수 없다. 모든 사람이 선교사로 외국에 나갈 수 없다. 우리는 목사나 선교사가 갈 수 없는 직장으로 하나님의 보내심을 받은 자들이다.

마부의 일을 더 잘하게 되는 것

약 100여 년 전, 조선시대 말에 승동교회가 세워졌다. 승동교회는 백정과 양반이 함께 교제하며 예배드리던 첫 번째 교회로도 유명하다. 그 교회의 역대 목사님 중에 이재형 목사님이 있는데, 그 분은 이씨 조선의 왕손이었다. 어수선한 시대에 왕손으로 살면서 그는 되는 대로 사는 방랑한 생활을 이어갔다.

그러면서도 가을이면 충주 선산을 찾아 성묘를 하곤 했는데, 어느 해에 우연한 기회로 엄귀현이란 마부와 동행하게 되었다.

신앙이 독실했던 마부는 극진히 이재형 대감을 모셨고, 대담하게 왕손을 전도하기로 결심했다.

"나리, 황송하오나 오늘부터 예수를 믿으소서."

처음에는 마부의 건방진 태도가 괘씸하기도 하고 놀리려는 심산에 조롱했다고 한다.

"야 이놈아, 예수를 믿으면 마부꾼 신세를 면하기라도 한단 말인가?"

그러자 마부는 이렇게 대답했다.

"나리, 예수를 믿는 도는 그런 데 있는 것이 아닙니다. 마부가 예수를 믿으면 마부의 일을 더 잘하게 되는 것입니다."

예수를 믿으면 지긋지긋한 마부의 일에서 벗어나 일하지 않고 먹고사는 왕족이 되는 것이 아니라 마부의 일을 더 잘하게 되는 것이다.

결국 이재형 대감은 마부의 전도로 예수를 믿게 된 첫 번째 왕족이 되었고, 목사까지 되었다.

예수님을 믿게 된 후에 자신에게 예수님을 전했던 마부꾼을 교회에서 만나자 그는 얼른 달려가 등을 와락 껴안으며 "형님"

이라고 불렀다. 마부는 깜짝 놀라 "아이고, 이게 무슨 말입니까?" 하며 손사래를 쳤고, 그는 "형님, 예수 안에서는 다 가족이라고 하지 않습니까?"라고 하며 마부를 형님으로 깍듯이 모셨다고 한다.

예수님을 믿는 것은 지긋지긋한 일에서 벗어나는 것이 아니다. 나에게 맡겨진 일을 주님이 주시는 복과 은혜로 더 잘 감당하게 되는 것이다.

일하는 것은 이웃을 사랑하는 것이고,
일하는 것은 하나님을 닮아가는 것이며,
일하는 것은 거룩한 부르심 가운데 있는 것이다.

1 — 지금 당신이 일하고 있는 일터는 어디인가? 그곳은 지긋지긋한 곳이 아니라 하나님이 주신 거룩한 곳임을 믿고, 감사하자. 감사의 고백을 기록해보라.

2 — 일터의 영성을 지키기 위해 동료를 위하여 기도하자. 기도 노트를 활용하여 정기적으로 기도할 수 있도록 리스트를 정리해보라.

3 — 성공이나 진급에 마음을 빼앗기지 않고 주변 사람을 세워가는 주님의 사람으로 살아간다.

4 — 하나님의 살아 계심을 보여주는 무대가 바로 직업임을 기억한다.

주님이 나를 부르셨다

무리가 몰려와서 하나님의 말씀을 들을 새 예수는 게네사렛 호숫가에 서서 호숫가에 배 두 척이 있는 것을 보시니 어부들은 배에서 나와서 그물을 씻는지라 예수께서 한 배에 오르시니 그 배는 시몬의 배라 육지에서 조금 떼기를 청하시고 앉으사 배에서 무리를 가르치시더니 말씀을 마치시고 시몬에게 이르시되 깊은 데로 가서 그물을 내려 고기를 잡으라 시몬이 대답하여 이르되 선생님 우리들이 밤이 새도록 수고하였으되 잡은 것이 없지마는 말씀에 의지하여 내가 그물을 내리리이다 하고 그렇게 하니 고기를 잡은 것이 심히 많아 그물이 찢어지는지라 이에 다른 배에 있는 동무들에게 손짓하여 와서 도와 달라 하니 그들이 와서 두 배에 채우매 잠기게 되었더라 시몬 베드로가 이를 보고 예수의 무릎 아래에 엎드려 이르되 주여 나를 떠나소서 나는 죄인이로소이다 하니 이는 자기 및 자기와 함께 있는 모든 사람이 고기 잡힌 것으로 말미암아 놀라고 세베대의 아들로서 시몬의 동업자인 야고보와 요한도 놀랐음이라 예수께서 시몬에게 이르시되 무서워하지 말라 이제 후로는 네가 사람을 취하리라 하시니 그들이 배들을 육지에 대고 모든 것을 버려 두고 예수를 따르니라

눅 5:1-11

시몬 베드로와 예수님의 만남

게네사렛 호수는 크기가 커서 이스라엘 사람들이 바다로 부르기도 하는 호수다. 그곳은 베드로 집안이 대대로 어부 생활을 해왔던 곳이기도 하다.

베드로가 어부란 말은, 베드로의 집안이 대대로 어부 일을 해왔다는 뜻이다. 그들은 그 호숫가에 살았다. 그래서 베드로는 그곳의 물길과 날씨에 따른 물결의 변화, 고기가 나오는 때를 누구보다 잘 알고 있었다.

베드로는 배에서 나와 그물을 씻고 있었다. 오늘 일을 다 끝내고 집에 돌아갈 시간이었다.

그때 예수님이 그 동네를 지나가시자 많은 사람들이 몰려왔다. 사람들이 너무 많이 몰려오자 예수님은 배 위에 올라가서 배를 육지에서 조금 떼기를 청하시고는 사람들을 해변에 앉히셨다. 시몬의 배에 오르신 것이다.

예수님께 배를 내어드리다

어부에게 배는 삶의 터전이자 정체성이다. 어부에게 배는 모든 것이다. 예수님이 베드로를 찾아가시자 베드로는 그 배를 예수님에게 내어드렸다.

예수님은 우리를 부르실 때 '너는 나를 위해서 이런 일을 해라'라고 하시는 분이 아니라 직접 찾아오시는 분이다. 예수님은 우리에게 말씀하시는 분이고, 말씀 후에 우리를 보내실 때도 동행하시는 분이다. 예수님은 사명자로 부르시고 사명을 주시지만, 그 사명은 우리 힘으로 감당하는 것이 아니다. 예수님이 우리와 함께해주신다. 그래서 그 사명을 이루시는 분도 예수님이시다.

베드로의 배에 주님이 찾아오셨다.
베드로는 자신의 배를 주님께 내어드렸다.

인생 속에서 예수 그리스도의 놀라운 역사를 체험하고, 세상 사람들이 사는 방법이 아니라 하나님이 원하시는 삶을 살기 원한다면, 우리의 삶의 터전이자 가장 안전하다고 생각하는 그 배에서 나와야 한다.

어부에게 배는 가장 좋은 곳이다. 그 배에서 모든 것이 이루어진다. 그런 배에서 나와 예수님께 그 배를 드리는 것에서부터 사명자로 서기 시작하는 것이다.

성경에 보면 예수님과 베드로가 함께 등장하는 장면이 몇 번 있는데 아주 강렬한 장면이 하나 있다. 예수님이 홀로 기도하기 위해 제자들을 먼저 보내시자 제자들은 배를 타고 먼저 떠나게 된다. 그러다 거센 풍랑을 만나 제자들이 고난 당하고 있을 때 예수님이 물 위로 걸어오셨다. 제자들이 보고 귀신이라며 난리를 피우다가 예수님이시란 것을 알게 된 베드로가 예수님께 "저도 그렇게 물 위를 걷게 해주세요"라고 청한다. 그리고 배 밖으로 발을 딛어 물 위를 걷는다.

바다에서 가장 안전한 곳은 배 안이다. 그러나 물 위를 걷는 역사는 배 안에서는 절대 경험할 수 없다.

주님과 눈을 맞추고 물 위를 걷는다.
바람이 불어

마음이 흔들려
주님과 눈 맞춤을 놓칠 때까지
베드로는 물 위를 걷는다.

　　세상이 원하는 대로, 세상이 말하는 대로 최선을 다해 살면 세상이 바라는 인간의 삶을 살 수 있다. 하지만 살아 계신 하나님을 이 땅에 선포하는 사명자로 살고자 한다면 가장 안전하다고 믿는 그 배에서 나와야 한다. 내 생명과 안전을 보장해주는 그 배를 주님께 드려야 한다.

　　내 안전을 지켜주고 내 삶을 조장해주는 그 무언가에서 벗어나 우리 인생의 주인 되시는 예수 그리스도를 붙잡아야 한다. 그렇지 않으면 우리는 사명자로 살 수 없다. 하나님이 부르시고 사명을 주셨어도, 삶을 편안하고 즐기며 살 수 있는 배 안에서 벗어나지 못하면 사명자로 살 수 없다.

사명자로 사는 것

　　자, 그렇다면 예수님이 우리를 사명자로 부르셨을 때, 우리는 어떻게 반응해야 할까?

시몬이 대답하여 이르되

선생님 우리들이 밤이 새도록 수고하였으되

잡은 것이 없지마는

말씀에 의지하여 내가 그물을 내리리이다 하고 눅 5:5

물고기를 잡는 전문가는 베드로다. 이 호수는 베드로가 제일 잘 안다. 베드로는 몇 시부터 몇 시까지 어떤 물고기가 잡히는지 잘 알고 있었다. 그렇다는 것은 지금 예수님의 말씀대로 한다면 물고기가 안 잡힌다는 사실도 알았다는 것이다.

물고기는 밤에 잡아야 하는데 지금 밤도 아니고, 그리고 깊은 데는 물고기가 없다. 그런데 예수님은 깊은 데로 가서 그물을 내리라고 말씀하신다.

더욱이 그날은 베드로가 밤새 물고기를 잡기 위해 애썼지만 공친 날이다. 재미로 낚시를 하는 사람도 아니고 이것으로 먹고사는 사람이다.

나도 가끔 배를 타고 낚시를 가본 적이 있다. 많은 사람이 배를 타기 전에 멀미 걱정을 하지만, 고기만 잡힌다면야 멀미도 안 생긴다. 그런데 고기가 안 잡히면 멀미만 나고 힘들고 재미없다. 이것처럼 고생스러운 일이 없다. 아무리 고생스런 마음에 힘들어도 고기만 잡히면 모든 게 다 해결된다.

밤새 고기 한 마리 못 잡아 허탕 친 마음을 추스르고 이제 겨우 그물 닦아놓고 집에 들어가서 쉬려는데, 예수님이 다시 깊은 데로 들어가라고 하신다. 딱 봐도 고기 잡는 전문가도 아니시다.

'아, 얼른 집에 가서 쉬고 싶다.'

베드로도 고민되지 않았을까? 그런데 베드로는 자신이 가진 지식과 경험, 노하우와 기술을 모두 내려놓고 대답한다.

"주님의 말씀에 의지하여 가겠습니다."

사명자의 태도는 하나다.
내 경험, 내 지식,
내 생각과 내가 바라는 것을 내려놓고
주님의 말씀에 의지하여 산다.
주님의 말씀에만 반응한다.

영적 중심을 바로 잡고 영적 질서를 세우는 목표는 사명자로 살기 위함이다. 안락함과 편안함을 누리기 위해서가 아니라, 내 배를 키우고 내 배를 조금 더 좋게 만드는 것이 아니라, 하나님께서 원하시는 대로 살기 위함이다.

우리는 사명으로 산다. 내 배를 호화롭게, 찬란하게 만드는

데 인생을 투자하는 게 아니다. 영적 질서를 바로 세우고 사명자로 산다. 주님의 말씀에 순종하며, 그 말씀에 의지하는 사명자로 산다.

주님이 당신을 부르셨다. 주님의 말씀에 의지하여 살아가는 사람들은 이 땅의 가치로 살아가지 않는다. 물질이 주인이 될 수 없다. 주님의 말씀에 의지하여 깊은 곳에 가서 그물을 던지는 사람들이다.

베드로에게 어떤 일이 벌어졌는가?

물고기가 너무 많이 잡혀
다른 배까지 차고 넘쳤다.

사명자의 축복은 잘 먹고 잘사는 것이 아니다. 예수 그리스도께서 주신 복이 넘쳐서 주위 사람들에게 그 축복이 흘러가는 것이다. "내 잔이 넘치나이다"라는 고백처럼, 축복이 흘러넘쳐서 옆에 있는 사람에게까지도 넘친다.

예수님을 알면 나를 알게 된다

베드로가 예수님을 알아보았다. 그전에 베드로에게 예수님은 말씀을 정말 잘 가르치는 좋은 랍비였다. 랍비 중의 랍비라고 생각했다.

그러나 그날 게네사렛 호수에서 베드로는 알았다. 예수님은 랍비가 아니라 메시아시라는 것을. 예수님을 알아보자 자기 자신이 어떤 존재인지도 알아보게 되었다.

> 시몬 베드로가 이를 보고
> 예수의 무릎 아래에 엎드려 이르되
> 주여 나를 떠나소서 나는 죄인이로소이다 하니 눅 5:8

예수님이 메시아이심을 알게 되자 자신이 보였다. 예수님을 알게 되면 내가 누구인지를 알게 된다. 베드로는 자신이 죄인이라고 고백한다. 예수님을 알아보니 내가 얼마나 죄인인지, 얼마나 부족한 사람인지 고백하게 된다. 내가 얼마나 사명자로서 살 수 없는 사람인지가 보인다.

그런데 굳이 예수님은 그 사람을 찾아오셔서 사명자로 세우신다. 십자가의 역사는 죄인을 사명자로 세우는 것이다. 십자가의 놀라운 역사로 죽어야 마땅했던 죄인이 사명자로 살게 된다.

죄인의 삶에서 하나님의 부르심에 합당한 삶을 살게 한다.

하나님의 말씀을 듣고 순종하며 하나님의 역사를 드러내는 삶을 살게 한다. 이제 배 위에 사는 인생이 아니라 물 위를 걷는 인생이 되어 살아 계신 하나님은 오직 우리 주 예수 그리스도밖에 없음을 증거하는 삶을 살자.

안전하게 생각하는 배 안에만 머물면 예수 그리스도를 증거할 수 없다. 그 배에서 나오라. 배 밖은 온통 바다밖에 없을지라도 나와야 한다. 주님과 눈을 맞추고 있는 순간에는 바다 위를 걷는 인생이 된다. 예수 그리스도가 하나님이심을 드러내는 삶을 살게 된다.

물고기가 배에 차고 넘치는 것을 본 베드로가 "주님, 저를 떠나세요. 저는 주님과 함께할 수 없어요"라고 했는데, 그 말이 맞다. 우리는 다 예수님과 함께할 수 없는 죄인다. 그러나 예수님은 베드로에게 "아니야, 두려워하지 마. 이제 너는 사람 낚는 어부가 될 거야"라고 하시며 그를 부르신다.

베드로가 예수님을 따를 준비가 되어 있었나? 무슨 은사를 받았나? 예수님의 제자가 되기 위해 어떤 스펙을 쌓았는가? 갑자기 예수님을 깊이 사랑하는 사람이 되었나? 아니다. 아무런 준비도 되지 않았지만, 주님은 그저 베드로를 부르시고 사용하고자 마음을 정하셨다.

예수님이 우리에게 사명을 주신다. 그러나 우리는 준비되어 있지 않다. 약하고 부족하다. 하지만 상관없다. 예수님은 가장 훌륭한 랍비가 아니라 살아 계신 하나님의 아들이시기 때문이다.

함께하시는 예수님

예수님은 우리를 부르실 뿐만 아니라 우리와 함께하신다. 사명을 주실 뿐 아니라 그 사명을 함께 이루시는 분이다. 예수님의 부르심에 베드로가 어떻게 반응했는가?

그들이 배들을 육지에 대고 모든 것을 버려두고

예수를 따르니라 눅 5:11

"네, 주님. 제가 집에 가서 짐도 좀 싸고 준비 좀 하고 올게요"라고 말하지 않았다. 가방 싸고 작별 인사하느라 부산 떨지 않았다. 바로 배를 버려두고 그대로 주님을 따랐다.

사명자는 자신의 생각과 계획과 경험과 지식을 통해 살지 않는다. 사명자는 하나님께서 원하시는 삶을 살고 주께서 부르시는 길을 간다.

지금껏 당신의 배를 장식하는 데 에너지를 사용했다면, 이제는 그 배에서 내리는 연습을 하자. 배 위에서는 모든 사람이 걸을 수 있다. 그러나 물 위를 걷는 것은 예수 그리스도의 제자만 할 수 있다. 이 세상이 흘러가는 대로 살아가는 것은 모든 사람이 할 수 있다. 그러나 예수님의 기적이 나타나는 인생을 사는 것은 사명자만 할 수 있다.

　예수님은 당신을 사명자로 부르고 계신다.

　'어떻게 하면 종이배 같은 내 배를 초호화 요트가 되게 할까? 어떻게 하면 더 폼나게 살아갈 수 있을까?'

　그 배에서 떠나야 사명자로 살아갈 수가 있다.

　깊은 곳에 그물을 던지는 것은 베드로가 한 번도 해보지 않은 일이었다. 평생 그곳에서 고기를 잡았지만 단 한 번도 해보지 않았던 일을 말씀에 의지하여 행할 때, 상상을 초월하는 예수님의 임재가 나타날 것이다.

　그러니 이제 결단하여 사명자로 살자. 하나님이 우리를 부르셨다. 이제 사명자로 살아야 한다. 교회만 왔다 갔다 하는 사람이 아니라 사명자로 살아야 한다.

　배를 버리고 예수님을 따랐던 베드로처럼 우리 모두 주님의 부르심에 응답하여 사명자로 거듭나 하나님의 공동체 안에서

예수 그리스도의 살아 계심을 증거하는 증인으로 살아가기를
기도한다.

1 —— 누구에게나 인생은 한 번뿐이다. 나는 한 번뿐인 인
생을 어떻게 살아가고 싶은가? 하나님의 부르심에
사명자로 살기로 결단하기를 원하는가?

2 —— 사명자로 살아가기 위하여 내 삶에서 바꾸거나 포기
해야 하는 부분은 무엇인가?

3 —— 가장 안전한 곳이라 생각되는 배에서 나와야 물 위를
걸을 수 있다. 당신에게 그 안전한 곳은 무엇인가?

4 —— 그 배에서 내려 주님과 눈 맞추고 주님의 손을 잡을
수 있도록 기도하자.

하나님이
하나님
되시게 하라

내가 주릴 때에 너희가 먹을 것을 주었고 목마를 때에 마시게 하였고 나그네 되었을 때에 영접하였고 헐벗었을 때에 옷을 입혔고 병들었을 때에 돌보았고 옥에 갇혔을 때에 와서 보았느니라 이에 의인들이 대답하여 이르되 주여 우리가 어느 때에 주께서 주리신 것을 보고 음식을 대접하였으며 목마르신 것을 보고 마시게 하였나이까 어느 때에 나그네 되신 것을 보고 영접하였으며 헐벗으신 것을 보고 옷 입혔나이까 어느 때에 병드신 것이나 옥에 갇히신 것을 보고 가서 뵈었나이까 하리니 임금이 대답하여 이르시되 내가 진실로 너희에게 이르노니 너희가 여기 내 형제 중에 지극히 작은 자 하나에게 한 것이 곧 내게 한 것이니라 하시고

마 25:35-40

섬김의 사람

앞에서 살펴본 아홉 가지 영적 중심 잡기는 모두 나에 대한 내용이었다. '나는 어떻게 변화되어야 하나? 나는 어떻게 하나님 앞에 서야 할 것인가?'에 대한 고민을 이어왔다. 이제 하나님이 원하시는 삶을 구체적으로 생각해보며 어떻게 살아야 하는지 결론을 지으려고 한다.

하나님은 이 땅에서 하나님의 사람이 어떻게 살아야 하는지에 대한 가이드라인을 하나 주셨다. 하나님의 마음으로 사람을 섬기고, 만나고, 대접하는 것이다. 나 중심에서 하나님 중심이 되어야 한다. 이것이 그저 신앙고백에 그치는 것이 아니라 우리의 신앙생활이 되어야 한다.

하나님의 사랑을 받는 사람은 하나님의 사랑을 전하는 사

람으로 세워지게 된다. 하나님을 주인으로 삼은 사람은 하나
님을 사랑하는 사람이고, 하나님을 사랑하는 사람은 그분의
사랑을 받는 사람들을 사랑하는 사람이다. 그 사랑이 구체적
으로 드러나야 한다.

기도하고 열심히 섬기면서 사역하는 것도 중요하지만 가장
중요한 것은 하나님의 마음으로 살아가고 있는지 확인해야 한
다. 마태복음 25장 35-40절은 하나님의 요구를 분명하게 제시
한다. 이 땅의 어려운 자, 힘든 자, 약한 자, 고아, 과부, 가난
한 자에게 냉수 한 잔이라도 대접하는 것이 하나님께 한 것이
라고 한다.

내가 진실로 너희에게 이르노니
너희가 여기 내 형제 중에
지극히 작은 자 하나에게 한 것이
곧 내게 한 것이니라 하시고 마 25:40

우리의 영적 질서가 제대로 세워질 때 우리 안에서 벌어지는
가장 근본적인 역사는 섬김의 역사이다. 하나님께서는 우리를
섬김의 사람으로 부르신다.

가장 높은 영적 수준을 지향하라

영적 질서를 세우는 데 있어서 하나님이 우리에게 요구하시는 것이 또 하나 있다. 그것은 우리의 영적 수준을 높이는 것이다.

아기가 젖을 떼고 이유식을 먹기 시작하면 신기해서 손뼉을 친다. 하지만 아기의 성장은 거기서 멈추지 않는다. 교회를 오래 다닌 사람들이 꽤 많다. 혹시 우리의 영적 생활이 다 만들어진 이유식을 떠먹여주면 입만 열고 받아 먹으며 손뼉 치는 정도의 성장에 만족하고 있지는 않은가? 아직도 내 감정과 생각이 기준이 되어 신앙생활에도 영향을 준다면 제대로 믿음 생활을 할 수 있겠는가?

영적으로 하나님 보시기에 아름답게 성장해나가는 것이 중요하다면 가장 높은 영적 수준을 추구해야 한다. 어느 정도의 영적 수준에서 살아가는 것을 용납하지 마라. 가장 높은 영적 수준을 지향하고, 가장 높은 영적 수준의 삶을 살아보자.

왜 우리가 가장 높은 영적 수준의 삶을 살아야 하는가?

사람에게는 버린 바가 되었으나 하나님께는 택하심을 입은 보배로운 산 돌이신 예수께 나아가 너희도 산 돌같이 신령한 집으로 세워지고 예수 그리스도로 말미암아 하나님이 기쁘게 받으실 신

령한 제사를 드릴 거룩한 제사장이 될지니라 **벧전 2:4,5**

우리는 산 돌같이 신령한 집으로 세워져야 한다. 예수 그리스도로 말미암아 하나님이 기쁘게 받으실 신령한 제사를 드릴 수 있는 제사장이 되어야 하는 것이다.

하나님께서는 우리에게 가장 높은 영적 수준을 원하신다. 그저 주일에 교회 나와 예배드리고, 십일조 드리고, 봉사하고, 큐티 하는 것에 만족하지 말아라. 더 이상 '너무 고생 많이 했다. 당신은 소중하다. 힘내라'라는 메시지에 환호하지 말고 그러한 수준의 신앙생활에서 벗어나라.

가장 높은 영적 수준의 삶이 이루어질 수 있도록 기도하라. 가장 높은 영적 수준의 삶을 지탱하는 것이 중요하다. 우리가 살아낼 수 있는 가장 높은 영적 수준을 추구하는 삶을 살자.

우리는 왕 같은 제사장이다

직장에서, 학교에서, 가정에서 사명자로 살아가자.

쉽게 예수 믿을 생각 하지 말고 부담을 갖고 믿자.

신앙생활의 목표는 나의 상한 마음이 회복되는 것이 아니라 우리가 살아낼 수 있는 가장 사명자적인 영적 제사장의 삶을 사는 것이다.

세상의 흐름에 휩쓸려 그냥 살아가는 것이 아니라 가장 높은 영적 생활을 지향한다면, 우리가 그전에 쉽게 넘어갔던 죄의 유혹에 넘어가지 않고 하나님께서 원하시는 거룩한 구별된 삶을 살아갈 수 있다. 주님이 그것을 원하신다.

우리는 오지에서 사역하는 선교사님의 간증에 울고, 감동하고, 헌금도 한다. 그러면서 '나는 저렇게 못 살아. 저분은 너무 귀해'라고 말하며 그렇게 안 사는 것을 정당화한다.

선교사의 헌신을 바라보고 박수를 보내는 사람이 되지 말고, 우리 삶에서 동일한 헌신을 추구하라. 가장 높은 영적 수준의 삶을 살도록 애써야 한다. 하나님께서는 우리 모두를 제사장으로 부르셨다. 우리 모두 하나님 앞에서 제사장의 영향력으로 이 땅에서 살아가야 한다.

서로를 위해 기도해주는 것으로 만족하는 공동체가 되지 말자. 우리 신앙의 목표는 가장 높은 제사장의 삶으로 헌신이다. 제사장적인 헌신과 생활, 삶의 변화가 반드시 있어야 한다.

왕 같은 제사장으로 사는 것, 영적 중심을 바로 잡는 것의 결론이다. 지금까지 살던 대로 살지 말고 왕 같은 제사장으로 살자. 성숙한 크리스천으로, 부르심을 받은 사명자로 살자.
거룩한 제사장이 되자.

제사장으로서 어떻게 살아야 할까?

우리는 서로에게 제사장이 되어야 한다. 가족에게 제사장이
되고, 친구에게 제사장이 되어야 한다. 정말 영혼을 사랑하고,
그들을 섬기고, 감싸고, 붙잡아주는 그런 제사장이 되어야 한
다. 그러기 위하여 가장 높은 영적 수준을 견지해가자. 단순하
게 '오늘 예배 좋았다' 식의 예배와 신앙생활은 이제 그만 하자.

가장 높은 영적 수준의 신앙을 지향하며 하나님 앞에 산 제
사로 드려지는 삶이 되자. 할 수 있다. 하나님께서 우리를 만
드시고 제사장으로 부르셨는데, 우리는 그 책임을 지지 않고
살아왔다. 왕 같은 제사장의 특권만 누리려고 하지 말자. 제사
장의 책임을 지고 가장 높은 영적 수준을 향하여 살자. 서로에
게 제사장이 되고, 세상을 향하여 제사장으로 사는 것이다. 세
상이 우리의 무대이다.

제사장적 헌신의 구체적인 내용은 초대교회에서 볼 수 있다.
1세기 로마에 몹시 나쁜 문화가 있었다. 여자아이들이 태어나

면 버리는 것이었다. 그래서 로마의 성곽 밖에는 갓 태어난 여자아이들이 울고 있었다.

그렇게 버려진 여자아이들을 데려가는 두 부류의 사람들이 있었다. 하나는 노예 상인이다. 그들은 버려진 여자아이들을 데려다 키워 노예로 팔았다. 또 하나는 포주들이다. 그들은 버려진 여자아이들을 데려가 매춘부로 만들었다.

그런데 초대교회가 시작되고 박해 속에서도 점차 신도의 수가 늘면서 이 악순환이 끊어지게 되었다. 그리스도인들이 버려진 아이들을 데려가 자기 친자식으로 키우기 시작했기 때문이다. 제사장적인 헌신을 통해 사회에 구체적인 변화가 일어난 것이다.

역사 속에는 진정한 제사장적 헌신으로 사회가 변화되는 구체적인 예들이 많다. 우리도 섬김을 구체적으로 나타내는 삶을 살자.

믿음으로 살고 예수 그리스도를 선포하라. 당신은 왕 같은 제사장이다. 담대하게 입을 열어 선포하라. 증인 없는 세상에 소망이 없다. 예수 그리스도의 놀라운 사랑에 감동한 사람들이 이 땅의 방법으로 살아가지 아니하고 하나님의 뜻대로 살아가는 곳이 바로 교회다.

하나님이 하나님 되시게 하는 것

우선순위는 정해졌다. 제사장적 삶으로 가장 높은 수준의 영적 생활을 추구하며 하나님 앞에 제대로 헌신하는 것이다. 나의 감정, 나의 문제가 해결되는 것에 급급한 신앙생활에서 벗어나 남에게 나눠주는 왕 같은 제사장이 되는 것이다.

어떻게 내가 제사장으로 살 수 있을까? 너무 현실감 없는 이야기로 들리는가? 아니다. 십자가에 달려 돌아가시고 부활하신 예수님이 우리를 왕 같은 제사장으로 세우셨다.

로드니 스타크는 그의 저서 《기독교의 발흥》이라는 책에서 초대교회가 어떻게 발원하고 부흥했는지를 말한다.

첫째로 초대교회는 이교도들의 문화를 따르지 않고 오히려 그 문화와 싸웠다. 지금 이 시대에도 우리가 따를 수 없는, 타협할 수 없는 문화들에 저항해야 한다. 초대교회는 싸웠다.

둘째로, 초대교회는 누구보다 이교도들을 사랑했다. 그들을 이웃으로 사랑하고, 섬겼다. 그들의 문화를 따르지 않고, 반대하고, 싸웠지만, 그들의 영혼을 사랑하고 생명을 사랑했다. 한 사람의 귀함과 소중함을 기억했다는 것이다.

하나님께서 원하시는 제사장으로 살아가려면 이 땅의 문화와 싸워야 한다. 이 땅의 가치를 따르면 안 된다. 그렇지만 사람들을 사랑하고 소중하게 여기고, 한 사람 한 사람을 섬긴다.

당신 바로 옆에 있는 사람의 제사장이 되어주고 또 예수를 믿지 않는 많은 사람의 제사장으로 가장 높은 영적 수준의 삶을 추구해야 한다.

내가 예수 믿고 위로받는 것에만 집중하지 말자. 예수 그리스도라는 단어가 선포될 때마다 당신의 심장이 뛰기를 바란다. 그의 능력과 임재가 체험되기를 바란다. 그 체험이 제사장으로의 삶을 사는 축복의 통로가 될 것이다.

십자가라는 단어를 들을 때마다 내가 달려야만 했던 그 십자가에 예수 그리스도께서 달려주심으로 나에게 제사장적 회복을 주신 하나님 앞에 헌신하자.

신앙은 나 중심에서 하나님 중심으로 사는 것.
하나님 중심의 삶은 타인을 섬기는 삶이다.

예수의 이름으로 기도하고, 나아가고, 승리한다. 나는 살 수 없는 인생을 예수의 이름으로 살아가고 있다. 예수가 주인 될 때만 일어나는 구체적인 변화와 역사가 우리 삶 속에 일어나기를 소망한다.

왕 같은 제사장으로 헌신하여 우리가 추구하는 가장 고상하고 가장 높은 영적 수준의 삶을 지탱할 수만 있다면 이 땅의 빛과 소금으로 세우시는 주님의 부르심에 합당한 삶을 살 수 있다!

말씀대로 살아내야 한다.
진짜로 살아내야 한다.
진짜가 되어야 한다.

1 — 하나님은 우리를 신령한 제사를 드리는 거룩한 제사장으로 부르셨다. 교회에 다니는 사람에서 주님께 산 제사로 드려지기를 결단하고, 주님께 기도하자.

2 — 희생 없이는 어느 누구도 섬길 수 없다. 내가 누군가를 섬기기 위해 해야 하는 희생은 무엇이 있을까? 어떻게 다른 사람을 섬길지, 어떤 부분을 희생해야 하는지 잠잠히 생각해보고 정리해보자.

3 — 내 안에 사랑이 없으면 섬김의 삶을 살 수 없다. 하나님이 사랑과 긍휼한 마음을 부어주시기를 기도한다.

4 — 섬김의 삶을 실제로 살기 위해 구체적으로 긍휼사역에 동참한다.

계속 이대로 살 수는 없다

초판 1쇄 발행　2022년 3월 21일

지은이　홍민기

펴낸이　여진구
책임편집　이영주 정선경 진효지
편집　최현수 안수경 김도연 최은정 김아진 정아혜
책임디자인　조은혜 마영애 | 노지현
기획 · 홍보　김영하
마케팅　김상순 강성민 허병용　마케팅지원　최영배 정나영
제작　조영석 정도봉　경영지원　김혜경 김경희

303비전성경암송학교 유니게과정　박정숙 최경식
이슬비전도학교 / 303비전성경암송학교 / 303비전꿈나무장학회　여운학

펴낸곳　규장

주소　06770 서울시 서초구 매헌로 16길 20(양재2동) 규장선교센터
전화　02)578-0003　팩스　02)578-7332
이메일　kyujang0691@gmail.com　홈페이지　www.kyujang.com
페이스북　facebook.com/kyujangbook　인스타그램　instagram.com/kyujang_com
카카오스토리　story.kakao.com/kyujangbook
등록일　1978.8.14. 제1-22

ⓒ 저자와의 협약 아래 인지는 생략되었습니다.
이 출판물은 저작권법에 의해 보호를 받는 저작물이므로 무단 전재와 무단 복제를 할 수 없습니다.

책값　뒤표지에 있습니다.
ISBN　979-11-6504-308-7　03230

규 | 장 | 수 | 칙

1. 기도로 기획하고 기도로 제작한다.
2. 오직 그리스도의 성품을 사모하는 독자가 원하고 필요로 하는 책만을 출판한다.
3. 한 활자 한 문장에 온 정성을 쏟는다.
4. 성실과 정확을 생명으로 삼고 일한다.
5. 긍정적이며 적극적인 신앙과 신행일치에의 안내자의 사명을 다한다.
6. 충고와 조언을 항상 감사로 경청한다.
7. 지상목표는 문서선교에 있다.

하나님을 사랑하는 자 곧 그의 뜻대로 부르심을 입은 자들에게는 모든 것이 合力하여 善을 이루느니라(롬 8:28)

Member of the Evangelical Christian Publishers Association

규장은 문서를 통해 복음전파와 신앙교육에 주력하는 국제적 출판사들의 협의체인 복음주의출판협회(E.C.P.A:Evangelical Christian Publishers Association)의 출판정신에 동참하는 회원(Associate Member)입니다.